长三角教育科研丛书

教育现代化的微视角

徐士强　吴宇玉◎主编

华东师范大学出版社

图书在版编目(CIP)数据

教育现代化的微视角/徐士强,吴宇玉主编.—上海:华东师范大学出版社,2020

(长三角教育科研丛书)

ISBN 978 - 7 - 5760 - 0997 - 2

Ⅰ.①教…　Ⅱ.①徐…②吴…　Ⅲ.①教育现代化-文集　Ⅳ.①G4 - 53

中国版本图书馆 CIP 数据核字(2020)第 213991 号

长三角教育科研丛书

教育现代化的微视角

主　　编　徐士强　吴宇玉
策划编辑　彭呈军
责任编辑　白锋宇
责任校对　王丽平　时东明
装帧设计　卢晓红

出版发行　华东师范大学出版社
社　　址　上海市中山北路 3663 号　邮编 200062
网　　址　www.ecnupress.com.cn
电　　话　021 - 60821666　行政传真 021 - 62572105
客服电话　021 - 62865537　门市(邮购)电话 021 - 62869887
地　　址　上海市中山北路 3663 号华东师范大学校内先锋路口
网　　店　http://hdsdcbs.tmall.com

印 刷 者　上海锦佳印刷有限公司
开　　本　787×1092　16 开
印　　张　14
字　　数　177 千字
版　　次　2020 年 11 月第 1 版
印　　次　2020 年 11 月第 1 次
书　　号　ISBN 978 - 7 - 5760 - 0997 - 2
定　　价　42.00 元

出 版 人　王 焰

(如发现本版图书有印订质量问题,请寄回本社客服中心调换或电话 021 - 62865537 联系)

"黄浦杯"征文组委会

主　任

汤林春　姚晓红

副主任

俞晓东　左　坤　奚晓晶

委　员（以姓氏音序排列）

曹伟华　陈　杰　陈江辉　陈素平　陈玉华　戴建明　丁　杰　丁永章
方　华　方建新　冯　吉　龚国胜　何永红　何振国　胡唐明　季　恒
季晓军　刘俊利　卢廷顺　陆福根　马　骏　马群仁　沈忠峰　唐春萍
王俊山　王丽琴　吴水洋　吴宇玉　夏心军　肖连奇　徐士强　杨姣平
杨文斌　叶鑫军　俞冬伟　张肇丰　张忠山　张竹林　赵　联　赵凌云
赵新鸿　周　梅　周　明　朱连云

本书编委会

主　编

徐士强　吴宇玉

编　委（以姓氏音序排列）

汤林春　吴宇玉　徐士强　张肇丰　周　明

目录

序　托举每一个学习者的出彩人生

教育是国之大计、党之大计。教育现代化既是国家现代化的重要组成部分，也是国家现代化的基础支撑和引擎。教育现代化事关国家发展和民族未来，具有基础性、先导性、全局性的战略地位。没有教育现代化，就没有国家的现代化，也就没有中华民族的伟大复兴。

现代化是我国几代人的梦想。在中华民族延绵不息的历史发展长河中，无数的往圣先贤、仁人志士不懈求索，矢志不移地探索现代化的国富民强之道。特别是新中国成立以后，将现代化视为实现民族复兴的基础途径，凝练成为全党全国各族人民建成社会主义现代化强国的坚强斗志和坚定决心，先后提出"四个现代化"、国家现代化建设"三步走"战略。在推进国家现代化进程中，我们党注重继承和发扬尊师重道的优良传统，把教育事业放在优先位置，将世界上最大规模的教育不断推向现代化，并将教育现代化作为国家现代化的基础和先导，在中国教育史和人类文明史上谱写了现代化发展的辉煌篇章。

早在新中国成立之初，我国就召开了第一次全国教育工作会议，谋划和确定教育大政方针和发展蓝图。1950 年，毛泽东同志为《人民教育》创刊号题词：恢复和发展人民教育是当前重要任务之一。1978 年底，党中央作出历史性决策，实行改革开放，把党和国家的工作重心转移到经济建设上来。1983 年 10 月，邓小平同志提出教育要"面向现代化，面向世界，面向未来"，指明了教育事业发展方向。20世纪 90 年代，我们党作出优先发展教育、实施科教兴国和人才强国战略的重大历史抉择。江泽民同志强调,"人才资源是第一资源","百年大计,教育为本"。胡锦涛同志指出,必须始终把教育摆在优先发展的战略地位,"切实保证经济社会发展规划优先安排教育发展、财政资金优先保障教育投入、公共资源优先满足教育和人力资源开发需要"。

2010 年 7 月,中共中央、国务院发布《国家中长期教育改革和发展规划纲要(2010—2020 年)》,首次明确提出"到 2020 年,基本实现教育现代化,基本形成学习型社会,进入人力资源强国行列"的教育现代化发展目标,成为我国教育改革发展史上一个新的里程碑。党的十八大以来,以习近平同志为核心的党中央高度重视教育工作,系统回答了一系列方向性、全局性、战略性的重大问题,为教育事业发展提供了根本遵循。2019 年 2 月,中共中央、国务院发布《中国教育现代化2035》,确立了到 2035 年总体实现教育现代化的战略目标。

进入新时代,我国教育发展面临前所未有的新形势新需求新挑战。一方面,在大变革大调整的复杂世界之中,全球性挑战此起彼伏,科技革命和产业革命更加波澜壮阔,众多领域的国际竞争日趋激烈,我国要赢得主动、赢得未来,就必须使教育现代化成为引领创新发展的第一动力、成为中华民族实现伟大复兴的基础工程,通过教育现代化将人口红利转化为人才红利和人力资源红利。另一方面,在迈向全面小康及国家基本实现现代化的重要历史阶段,我国社会结构深刻变动,生产、生活方式及其消费模式不断呈现新的特点,学习人口结构与规模已然有了新的变化,老龄人口规模及学习需求不断增长,民众依法参与教育治理和追求教育公平的诉求日趋强烈。对此,要为每个学习者实现美好生活及丰富多彩的人生提供有力帮助,就必然要求我国的教育现代化能够提供更加包容、公平、有质量的教育及服务,特别是在教育结构、教学方式、课程体系、治理模式、服务业态等方面系统推进教育的综合改革、开放和创新探索,努力满足个性化、多样化、便利化、可选择的教育服务新需求。

　　教育现代化的发展目标首先要聚焦实现人的现代化，基于这一目标，我们要将各级教育学校建成具有人文、绿色、智慧特点以及能够支持学习者主动学习、促进学习者身心健康、让学习者安全快乐成长的现代化美丽学校。要形成凸显数字化、网络化及智能化特点，以及提供融合衔接、泛在可选、面向终身的开放性、多样化的教育及服务供给体系。要逐步健全体现教育规律、崇尚法治精神、技术手段先进、共建共享多元参与的教育治理体系。要通过产出大批标志性的成果，对国家经济社会建设和创新发展提供新动能、新活力和新贡献。要在努力提升合作交流水平、共建人类命运共同体和参与全球治理的过程中，增强中国教育现代化的影响力。

　　支撑学习者获得人生出彩机会和实现美好生活的教育现代化，必须在高度普及、广泛覆盖、包容、公平、有质量以及使人人获得终身学习和发展机会等方面不断实现新发展。加快教育现代化发展，需要坚持以人民为中心的教育发展思想，把握以人民为中心的价值取向，在教育的适切性、包容性上体现温度，在教育的引领性、标杆性上体现高度，在教育的服务、贡献上体现广度，在学校管理、教育治理上体现开放度，在教育的辐射、影响上体现深度，在学习者的感受、社会评价上体现满意度。

　　顾明远教授曾提出过教育现代化的八大特征，即教育的民主性和公平性、教育的生产性和社会性、教育的终身性和全时空性、教育的个性化和创造性、教育的多样性和差异性、教育的信息化和创新性、教育的国际性和开放性、教育的科学性和法制性。这是从宏观层面来说的，而从人才培养模式的微观层面来讲，教育现代化的主要理念应该是个性化、差异性、创造性、开放性。要贯彻这一理念，就要坚持以学生为主体，改革传统的人才培养模式，充分调动学生学习的主体性、主动性和创造性；注意学生的差异性，因材施教，为每个学生提供适合的教育，使学生的潜能得到充分发挥。

教育现代化的视点多元，不同主体、不同层面、不同领域眼中的教育现代化各有其态。本书从微观视角、实践层面，以教师为主体，呈现了对教育现代化的独特理解和实践探索，它为洞悉教育现代化的全貌提供了一种样态，更为我们思考教育现代化"以人为中心"的价值取向和目标如何切实落地提供了参考样例。

张 珏
上海市教育科学研究院副院长

第一章

成长： 见证学生的增值

1. 义务教育均衡发展背景下的因材施教

《国家中长期教育改革和发展规划纲要(2010—2020 年)》明确指出：推进义务教育均衡发展的指导思想就是要遵循教育规律和人才成长规律，坚持有教无类，五育并举。义务教育阶段的学校教育需要关注如何让不同的学生用不同的方式、过程和时间，在达到共同要求的基础上获得个性发展。因此，学校需要借助因材施教的实施促成学生两个层次的发展：达成共同目标和共同目标达成之后的个性发展。同时需要思考如何发现并利用学生的差异，满足不同学生的需求，为不同的学生提供不同的学习机会，激发学生学习的主动性，让个体生命得到自由、充分、全面、个性化的发展。

上海市静安区教育学院附属学校是一所九年一贯制公办学校，前身是静安区海防中学，因"弱""差"而出名。学校按照张人利校长提出的"遵循学生的认知规律，让学生成为健康的自然人；遵循学生的发展规律，让学生成为适合未来的社会人"的办学理念，以人(学生)的研究为主线，把握课程改革与优质均衡的教育之间的关联。学校不设重点班、特色班,十余年来坚持"蛇形分班"和后"茶馆式"课堂教学改革,探索因材施教的策略和方法,为不同的学生提供不同的学习机会。

一、因材施教的现代诠释

(一) 遵循教育规律,促进人的现代化

《中国教育现代化 2035》系统提出了八个"更加注重"的基本理念,即以德为先、全面发展、面向人人、终身学习、因材施教、知行合一、融合发展、共建共享。这八大基本理念,遵循了教育规律和人才成长规律,也顺应了国际教育发展趋势。教育现代化的本质是人的现代化;中小学教育现代化的重要使命是落实立德树人的根本任务,让每一个孩子都有出彩的机会,培养德、智、体、美、劳全面发展的社会主义事业的建设者和接班人。

(二) 研究学生差异,变革教学方式

教育现代化既要保障每个人享受公平而有质量的教育,又要满足学习者个性化、多样化学习和发展的需求。义务教育阶段的学校教育必然会面临学生多样化学习需求和个体发展差异之间的矛盾,随着学生学习科目增多,学习难度加大,学业差异呈现出明显增大的趋势。新时代的因材施教需要建立以学生为本的新型教学关系,变革教学方式和学习方式,创新教学手段,探索人才培养模式的现代化。

二、因材施教的实践策略

（一）推行课堂教学改革，视学生的差异为教学资源

案例：军舰为什么可以浮在水面上？

一位老师在教授初中物理课浮力的知识时，引用了学生们都比较熟悉的生活现象，设计了这样一个问题："军舰为什么可以浮在水面上？"老师的预设是：学生可能会想到因为是在水面，水有一种力量……进而引入课堂，探讨浮力的知识。然而，课堂中，学生面对这一问题的回答包括："海水含盐量高"，"军舰接触水的面积大"，"因为船的形状影响船的沉浮"……

学生们基于各自不同的生活经历和学习基础展开知识的学习，老师如果仅仅告诉孩子一个浮力公式，用传统的一讲到底的方式开展教学，就无法解决学生之间的差异。孩子不懂不一定是他学不会，而是老师没有找到他不懂的地方。

1. 后"茶馆式"教学的缘起——如何变学生的差异为教学资源

面对初中学段学生差异日益增大的客观现状，学校须对日常课堂教学进行改革，研究课堂教学中学生之间的差异，探究以怎样的方法暴露学生对问题的真实想法（即学生的相异构想），进而把学生的差异看成是一种新的教育资源，这是后"茶馆式"教学改革的一个重要思想萌芽。

实际上，学生的差异，不仅表现在学业成绩上，还体现为许多值得深究的问题。例如，虽然两个学生的考试成绩都是 80 分，但是他们的错误题目可能是不一样的；即使错误题目一样，但是错误的原因也可能是不一样的。另外，学生之间也

有非智力因素方面的差异。不同的生活经历,使学生对问题会有不同的看法,有的是对和错的问题,有的可能是对某一知识存在不同的观点。

学校以后"茶馆式"教学改革为突破口,将课堂真正交还给学生,变教师"讲堂"为学生"学堂"。后"茶馆式"教学凸现两个基本特征:学生自己能学会的,教师不讲;关注学生"相异构想"的发现与解决。"教师少讲多听,学生勤议善问",以学生的"议"显现学生之间的差异,并将差异转变为课堂教学中生动的教学资源。

2. 后"茶馆式"教学的实践——如何才能使学生真正学会

后"茶馆式"教学改变了课堂教学的逻辑结构,从以教师认为的学科体系为线索进行讲解,变成由教师帮助,以学生的认知(或学习)为线索,让学生自己进行建构。在实践中又产生了后"茶馆式"教学的具体教学方式、教学手段、教学策略,以及有学科、学段、课型特征的教学方法,操作性强。该种教学特别强调课堂教学方式的转变,尤为关注教学组织方式的转变,主要提倡两种组织方式:一种是独立学习,一种是合作学习。其中合作学习,既包括小组合作,也包括大组合作。合作就是以"议"为核心,课堂上不仅有教师教学生,更多地是学生教学生。实践证明,有些学习基础比较薄弱的学生,不一定能提出问题,甚至连教师都很难搞清楚他们究竟哪里不懂。对于这些学生,可能学生教学生的效果比教师教还好,因为与这些学生情况相仿的学生会知道他们的错误点在哪里,能够比较顺利地解决和疏通这些学生学习中的难点和堵点。

(二) 专注学生作业研究,差异化地控制量、提高质

案例:母校给我的宝贵礼物

小李同学在学校完成了九年义务教育,其间没有参加过任何校外的提高班。他在九年级参加了高中的数学竞赛,获得了二等奖,于是提前被上海中

学录取，之后考入了哈佛大学数学系。一次小李回母校时，与张校长有了以下对话。

张校长："学校给了你什么，造就了如此优秀的你呢？"

小李："我想附校给予我最宝贵的礼物大概有两个：第一个是学校给我提供了宽松的环境，作业量真心不多，我有很多的时间可以做自己喜欢的事情；第二个就是学校给了我学习数学的兴趣。"

张校长："学校怎么给你学习数学的兴趣的呢？"

小李："我在数学课上完成课堂小练习时又快又对，做完就要找其他同学说话。一次，我的数学老师在我做完练习题后，悄悄地递给我一张纸，神秘地告诉我这是给我的特别礼物，让我试着做做看。我打开一看是两道数学题，有点难度的，一时半会儿还解不出来。于是，我就回家继续做，花了两个小时，终于做出来啦，那个开心啊！第二天，我神气地和老师讨论题目，老师笑着又给了我一张小纸条，又多了一道题。就这样我迷上了数学，每天不做两三个小时就浑身不舒服呢！"

小李同学的故事，引发了学校对学生作业的量和质的深度思考。学生之间的差异在作业方面表现为：对于优秀的学生应当提升作业的难度，帮助他们达到他们应该达到的水平；对于学习基础较差、学习能力较弱的学生，应当减少他们的作业量，特别是要删除一些难度较大的题目；对于全体学生而言，不是每一个人每一方面都是平衡发展的，帮助学生协调学科作业的时间，使他们发展自己喜欢的领域。

1. 控制作业量的"两个举手制度"

班级中有一部分同学对于基础作业存在困难，而且作业的错误率较高，作业订正的量也较大，不能很好地完成每天的基础作业和错题订正的学习任务。对此,我们推行了平衡天与天、人与人作业量的"两个举手制度",即学生举手制度和家长举手制度。一天之中,如果语文、数学等学科的作业较多,那么当外语老师还要布置大量作业时,以班级学习委员为代表的学生团队举手——"我们做不完了",外语老师就不再布置较多作业,应作教师内部协调;某一位学生,如果当天作业做到很晚,那么家长举手——"我的孩子没法完成作业",通知教师,教师应允许晚交或不交。"两个举手制度"可以克服作业量在天与天、人与人之间的差异。

2. 提高作业质的"分层、分类的多样化作业"

上海市绿色指标综合评价显示:我校的作业总量低于市、区平均值 30—40 个百分点,得到了比较好的控制。在此基础上,我们开展了作业质的研究,对数学、外语等学科开展作业分层、分类的多样化研究,以满足不同内容、不同学生的需要,最终形成了分层、分类的多样化作业。分层作业包括:荣誉作业、整体作业、基础作业;分类作业包括:长作业、短作业,文本作业、实践作业,独立作业、合作作业,单学科作业、跨学科作业,等等。其中"荣誉作业"符合学生的心理需求,很好地激发了学生的学习热情,使作业成了一种礼物。

作业的分层不仅体现在课外,还体现在课内。我们开展了有关问题群、问题链等的设计。问题群的设计是为了满足不同层次学生的发展需求,在一个问题群中,有些学生能做这些题目,有些学生能做那些题目,各取所需。问题链就是把知识点化为相关联的若干问题,环环相扣,由浅入深,把学生的难点进行解构,为学生搭建问题脚手架,帮助学生达到更高的水平。一般年级越高,作业的分层就越多,初三的作业分层是最多的。

(三) 辅导是必要的环节,针对不同学生需求开展

"辅导"是教学全过程中不可或缺的一部分,是贯彻因材施教原则,适应学生个别特点的主要措施。学校严格按照国家课程标准规定的课时数开展教学,坚决反对加班加点地进行全班补课；提倡个别辅导，鼓励教师充分关注学科本身的特点、学生学段的特点，特别是学生的差异性特征，利用早晨、午餐、放学等碎片化时间做好学生的辅导工作。同时，学校运用发放爱心津贴的方式保障教学辅导工作的顺利开展。

1. 基于后"茶馆式"教学的辅导解析

（1）辅导可以针对学习困难学生开展，也可以针对学业成绩优异学生，可能任何学生都有辅导需求。

（2）辅导可以在课前（即这个教学内容教学之前）开展，也可以在课后。

（3）"以适应学生个别特点"为根本依据组织辅导，辅导不是上课的简单重复或机械"浓缩"。

（4）辅导过程中要求教师讲学生自己学不会的内容，教师不但要掌握学生的错误在哪里，而且要掌握学生错误的原因，教师掌握的信息越确切，辅导针对性越强。

2. 减负增效的分层网状生态辅导系统

关于学习，不同的学生有不同方面的问题，有的是知识技能问题，有的是过程方法问题。一个学生在不同阶段又会有不同问题，例如：九年级学生会产生更多问题，这些问题既有历史遗留问题，也有新问题，还有因新旧知识交汇而形成的错综复杂的问题。此外，同一分数段的学生也有不同问题，例如：同一分数的学生的错误题目各不相同，不同学生对于同一问题的错误原因也各不相同。鉴于此，对于九年级学生而言，仅仅靠学科教师的辅导去解决全班学生的复杂多样的学习问题，显然是缺乏针对性和实效性的。因此，学校推行了一套与众不同的个性化辅导机制，将辅导时间从课外改为课内，在每周一到周四下午 2:45—3:25 全年级不排课，取而代之的是分层的个性化辅导。同时，打破原来的行政班级编排，按照学生的学力和需求组编成四类十几个互助合作学习团队，精准针对学生问题，使学生在教师或同伴的帮助下进行自主学习(见表1)。

表1 分层的个性化辅导

类别	人数	学生特点	辅导者	辅导形式
基础提高类	全年级3组,每组10人	学习基础比较薄弱	教师一对一辅导	面批、面授、单独出题、单独解答
方法提升类	全年级3组,每组15人	学生基础较好,学习方法略有问题	师生共同辅导	教师设计题目进行方法训练 学生互相启发,解决思考方法等问题
自修互助类	全年级5组,每组10—20人	学生自学能力较强	学生"助学志愿者"	生生互相解疑,交流解题思路和方法
高阶思维互助类	分为数学、物理、化学三门,每次1组,每组10人	对某些学科有浓厚兴趣的学生	师生共同辅导	师生提供练习素材,互助自学,解决问题

这种分层的网状辅导系统,有助于营造师生间良好的辅导环境,使学生乐学、善学,教师乐教、善教,在自由平等的氛围里,实现了优者更优、弱者变强的学习实效。通过辅导,形形色色的个性化疑惑得到了解决,学生提升学习成绩的同时养成了良好的学习习惯,并培养了带得走的能力。

(四) 分类进行个别干预,对"特需"学生的特别关爱

作为一所九年一贯制公办学校,我们严格贯彻落实上海市委市政府的政策,努力办好家门口的好学校,服务学区内的每一个适龄儿童。近年来,学校的数据统计显示,每一届学生当中总有5%—10%的学生是"特需"学生,这个数据还呈现出逐年递增的趋势。这些学生在班级群体中数量较少,但影响较大,在学业表现、心理状态、行为规范等方面存在不同程度的偏差,无法适应班级授课制的教学环境。即使是后"茶馆式"课堂教学改革，也无法解决"特需"学生的问题。对此，学校以个别化干预为策略凝聚力量，共同关爱这些学生的健康成长。

1. 凝聚全员协同干预新力量

学校在干预"特需"学生的过程中，在校长、书记的领衔下，使各个部门联动，联合中小学学生处、教导处、家委会和党员教师，组成个别化干预专项工作项目组，同时联合校外专业干预机构，全员参与、全程投入，针对"特需"学生心理状态不佳、学业成就低、行为规范不良等问题，推行三级干预网络（亲密个人、年级单位、校级机构）并使之有机融合。通过年级组研修，家校互动，多方联动，学校针对案例的特点和产生的问题，对"特需"学生进行多维度、全方面的跟踪、记录和个别化干预，共同探索与实践九年义务教育阶段"特需"学生的个别化转化的有效方法和策略。

2. 探索个别化干预新机制

学校针对每位"特需"学生不同的成因和表现，制订极具针对性的个别化干预计划，结合不同的方式、方法和手段，采用"收集—分析—评估—反馈—改进—实践"的操作路径，多次反复、不断循环，进行教学、德育的全方位、多维度的个别化干预的探索与实践，并由此形成长效干预机制。例如：每个月都会策划一次"特需"学生的家长沙龙，邀请学校领导、教育专家、学生家长开展讲座，多视角、多方位地鼓励"特需"学生家长掌握科学有效的教育方法。此外，学校实行中小学教学、德育双向干预机制，定期汇总"特需"学生在学科学习和日常行规方面的表现，确定"一人一策"的个别化干预方案。同时，发掘"特需"学生的亮点和特长，借助"学生个人画展""明星闪亮三十分"等校园活动，使其提升自信心，收获新成长。

三、教育现代化的意蕴揭示

(一) 非压榨型的全面发展

学校推行的因材施教策略从关注学生差异的角度着手,大大提高了这种有学生差异存在的教育的效能,有助于激活每一位学生的学习潜能,提升每一位学生的学习质量,促进每一位学生的个性发展、全面发展和终身发展。学校年年达成毕业生合格率100%的目标,同时保证学有余力学生的成长,每年毕业生被上海市示范性高中录取的比例为60%以上。高质量的教育不是关注有几位学生考上几所名校,而是尊重每个孩子的个性和权利,培养他们未来可持续发展的独特学力和能力。复旦附中校长吴坚这样评价来自静教院附校的学生:"他们在高中期间展现出良好的基本素养、学业水平,核心特点是'非压榨型'、全面发展。"

(二) 变同步学习为非同步学习

学校以更宽广的国际视野审视课程与教学改革,推行的后"茶馆式"教学改革颠覆了课堂教学的逻辑结构,变革着教和学的关系以及知识获取和传授的方式。全面转变了课堂的组织方式、活动方式、认知方式和内容方式,使学生可以寻找到适合自己的学习方式,主动探究,快乐学习。学校通过问题链、问题群、问题组合等脚手架的搭建,关注学生相异构想的发现和解决,使课堂呈现出非同步学习的个性化形态,体现了现代化教育更高质量、更加公平、更具个性的价值取向。

(三) 教育现代化,一个都不能少

要加快实现教育现代化,办好人民满意的教育,我们坚持一个都不能少,对于

"特需"学生实施个别化干预，给予"特需"学生及其家庭特别的关爱，调动学校的一切力量，激发"特需"学生的学习内驱力。依据义务教育均衡背景下教育公平化的导向，学校教育不仅是一个都不能少的全纳教育，而且是一个都不落伍的公平教育，更是让每位学生都出彩成功的公平教育。

四、反思与行动展望

（一）基于标准的学材的区分

学校开展了多维度的因材施教的实践探索，积累了一些有效的方法，需要进一步思考的是因材施教中的学材的区分。义务教育阶段学生的差异比较大，我们基于什么样的标准对学生进行科学的、精准的区分？对于学材的判断是静态的还是动态的？是在教学活动开始之前还是伴随教学活动始终？在此基础上，有对象感地使用不同方法对不同学生开展有效的施教，以提升学生的学业发展水平。

（二）学校教学与德育的融合研究

学校应当秉承立德树人的教育理念，以正确的育人观深化因材施教的实践探索。教师需要充分认同学生既是自然人又是社会人的观念。在实施因材施教的过程中，教师不但要关注学生在学业成绩和知识技能上的差异，还应该关注学生在过程、方法、情感、态度、价值观上的差异；不但要关注学生在单学科学习中的个性特长，还要关注学生在跨学科学习、综合实践活动等课程中的学习能力。教师应将教学和德育融为一体，多角度地观察和了解学生，以学生视角开展教育教学活动，激发学生潜在的学习力。

（三）家庭教育价值取向的修正

目前,家庭教育的价值取向与学校因材施教的实践存在一些偏差,家长的教育理念、教育方法与教育现代化的目标不匹配,导致很多社会怪相的发生。学校需要增强家校互动,与家长开展深度对话,进一步修正家长不正确的育人导向,为学生的成长提供和谐统一的家校环境。

推进公平而有质量的义务教育是一项复杂的、综合的系统工程,应该由社会、家庭、学校三方共同努力,学校将继续理解和落实义务教育均衡背景下因材施教的思想,协同三方力量营造教育改革发展的良好生态和社会氛围,共同开创新时代教育现代化建设新局面。

参考文献

[1] 张人利. 后"茶馆式"教学[M]. 上海:上海教育出版社,2012.

[2] 俞宏毓. 近十多年来我国学情分析研究的发展与反思[J]. 上海教育科研,2019(3).

[3] 王道俊,王汉澜. 教育学[M]. 北京:人民教育出版社,1988.

[4] 翟博. 教育均衡发展:理论、指标和测算方法[J]. 教育研究,2006(3).

（翁慧俐　上海市静安区教育学院附属学校道法科教师　教龄 20 年）

2. 卷毛老师的魔法科学课

"Bingo，卷毛老师上线啦！"

曾经推荐孩子们去看一套科普读物《神奇校车》，班里孩子们瞬间就迷上了里面的卷毛老师——弗瑞丝小姐，因为她拥有一辆神奇的校车，能把孩子们变大变小，带着孩子们穿越飓风，探险海底世界，游览人体的内部结构……

而我就是这样一位现实版的卷毛老师，那个孩子们口中"胖胖的、头发卷卷的""会一点魔法、有点高冷""有很多奇怪的想法、有点自恋"的科学老师。对，也就是我，带领孩子们一起遨游在奇幻的魔法科学世界，借助许多我想到的并可应用于实际的现代化技术。

一、巧用全景投影，创设魔幻星空

科学的世界是深邃浩瀚的，如包罗万象、神秘莫测的宇宙世界，孩子们总是对这样的宇宙世界充满着好奇心。于是卷毛老师的科学课里，总是会通过许多与众不同的小想法来满足孩子们探索宇宙的小心愿。

　　"满天星辰组成了88个星座，除了我们刚刚介绍的小熊星座外，还有很多其他的星座，比如说白羊座、金牛座……我们一起来看一下它们的图片吧！"

　　"哇！好漂亮啊。""哇！快看，它看起来像狮子。"

　　……

　　络绎不绝的感叹声响彻在我的耳旁，我心中暗喜，自信满满地走出了科学实验室。

　　忽然，我感觉我的小卷毛被人从后面拽了一下，一回头看见了我班里的一个小男生。我瞪了他一眼，他快速地将一张小纸条塞到我的手里，转身跑开。什么情况？小纸条？告密信？回到办公室，我打开了小纸条，上面写着："老师，刚才那堂课我看到了漂亮的照片，但我还是不能理解关于星座的知识，这怎么办啊？"我的自信心被这张小小的纸条重重地撞击了一下。不理解、怎么办，这些字眼一遍遍地跃入我的眼帘。

怎么办！怎么办！！怎么办！！！

我能用什么办法把绚丽的星空搬进教室，让孩子们在教室里也能看到满天的星辰，并且在这过程中不仅仅是感叹于它们绚丽的外表和有趣的名字，而且能随着四季的变迁、位置的变化来感受星座的划分，体会宇宙的魅力。难，难，难啊！顶着一头被自己抓得更加卷翘的头发，我毫无头绪地瘫坐在办公室的躺椅上。

　　办公室的同事笑着对我说："你这样子像什么样，快说说遇到了什么难题？"我一五一十地把刚刚的事说了一遍，同事笑得更加大声了，说："你怎么忘记了，你自己是一个技术控啊！难道就没有一个应用或者一种设备能把星空搬进教室吗?"

一语惊醒梦中人！先进的现代化技术肯定可以开启一种新型的、不同于以往的探索宇宙的征程。我立刻开始搜索有关星图的应用（APP）：《星图苍穹》《星空地图》《宇宙旅行》……十多个应用涌入眼帘，我一一下载，并进行详细的研究。最终，我选择了《星图StarChart》，利用近一周时间掌握了该APP的使用方法，并配合投影仪进行全天花板投影，充满科幻魔法色彩的宇宙版实验室诞生了！

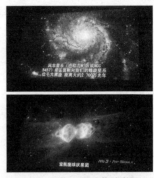

图1 "魔幻星空"科学课

Bingo，卷毛老师上线啦！

上课铃声响起，学生迅速地走进实验室。我二话不说，马上关上门窗，拉上窗帘，能干的卷毛老师一下子就制造出了一间黑黢黢的科学实验室。然后，我迫不及待地打开平板连接投影仪，根据课前调试好的投影角度和已定位好的观察位置，忐忑地打开了《星图StarChart》，瞬间教室里的天花板上不再是雪白一片，而是出现了漂亮的星图，变成了无尽的宇宙。

"同学们，快看，这就是地球的正北方。这里有我们最熟悉的星座：大熊星座，它里面藏着北斗七星——就是这七颗。北斗七星的斗柄还会随着四季的变化改变方向。"

"老师，我们能看看它是怎么改变方向的吗？"

"当然可以，我们点击屏幕左上角的小日历，在出现的年、月、日和时刻里进行时间调整，调整到我们想去的时间。比如我们调整到3月1日20时，这样就可以看见春季夜晚的北斗七星。同学们看，现在北斗七星的斗柄朝向哪个方向？"

"东边。"

……

"同学们，谁来总结性地说说北斗七星有哪些特点呢?"

"老师，我想说。""我! 我!""老师，看这里。"

哇! 孩子们眼中的卷毛老师，聪明又能干，把整个宇宙搬进了教室，给他们带来了一节有现代化技术手段支持、充满魔幻色彩的科学课。这在孩子们的心里种下了探索宇宙的种子，使孩子们有了探索的信心和欲望，也把探索的过程和在过程中接触到的知识点都深深地印在了孩子们的脑海中。

二、利用移动终端，活用双师互动

科学的世界也可能是见微知著的，在大型空间内展现万千微小世界。也正因为如此，越是闻所未闻、见所未见的事物，就越能引发孩子们探究的欲望。于是卷毛老师的科学课，就带领孩子们把方寸之间变身为广阔天地，任孩子们在其中自由翱翔。

"同学们，瞪大你们的眼睛，看清楚显微镜的操作步骤。拿取显微镜时要左手托镜座，右手握镜臂，摆放在自己身体的左前方，方便我们一会儿观察。……"

讲解完后，我又强调了一遍实验的重难点，接着孩子们的操作任务就拉开了帷幕。

我巡视实验室一周，发现孩子们都在抓耳挠腮，像极了动物园里的小动物，百生百态，却都无比一致地拥有一个共同点:对实验无从下手。有什么办法能解决这个问题呢？伴随着下课铃声的响起，孩子们垂头丧气地离开教室。而我又开始无奈地揪起我的小卷毛，此时的我多么希望自己能拥有孙悟空的魔法，揪一缕卷毛一吹，变出四十个自己，这样就能陪着每个孩子完成这看上去"很恐怖"的显微镜的实验了。

一变二！二变四！！变出四十个！！！

尝到了上次星空课堂的甜头后，我坚信现代化技术一定能帮我打造这与众不同的微小世界课堂。我靠在讲台桌边，无意识地拿起我的平板，点来点去。顿时我灵光一闪，学校不是给我们班配置了平板吗，一人一台，这不就是给每一个孩子配备了一个私人教师吗?！再加上卷毛老师——我，不就是典型的双师课堂了吗?！

哈哈，有了这技术支持，那这节实验课不就可以像广告词说的一样："哪里不会点哪里，so easy!"

说干就干。借助学校配备的平板，我开始准备双师课堂所需要的一系列材料。我精心制作了两个有关于显微镜使用的讲解PPT："显微镜的使用"和"观察洋葱表皮装片"，还录制了几个关于实验过程中学生最常遇到问题的微课，如："我们该如何对光？""看不见细胞怎么办？""这样调焦对吗？"等。但是该怎么推送这些视频呢？如果用老办法，先上传平台，然后通过共享下载，十分浪费时间，那么有什么新技术支持吗？

我想起了我们学校经常制作的秀米链接，不需要下载，可直接在线观看视频，省时省力。因此，我把这些视频进行编辑，制作成秀米链接。经过两天的等待，孩子们又迎来了"很恐怖"的显微镜操作实验课。不过，亲爱的孩子们不要怕。

Bingo，卷毛老师上线啦！

图2　显微镜操作实验课

"同学们，今天我们继续完成上节课的实验内容，用显微镜观察洋葱表皮装片。"

"啊！"学生们"哀嚎"一片，"老师，我忘记了。""老师，我不会啊。""老师，你要不再讲一次吧！"

"淡定，同学们不要怕，老师给每一位同学都请了'私人教师'。请同学们拿出你们的平板，老师已经把私教链接共享到学习平台上了，你们可以跟着自己的私教边学边做，哪一个模块不懂、不会就重点学习哪一个模块的链接。如果还有私教都解决不了的问题，欢迎同学们随时找我帮忙。对了，学习私教课程的时候不要忘记使用耳机，以免影响其他同学！开始吧。"

接下去的时间，教室里渐渐响起了点击屏幕的声音和孩子们操作显微镜时发出的细微声音。个别同学举手提出了自己的小疑惑，我也很快帮助他们解决了问题。一节本该吵吵闹闹的实验课居然悄无声息地进行着，这不免刷新了我对显微镜操作课堂的认知，原来难度系数较高的实验课也可以这样安安静静的！

呀！孩子们心里的卷毛老师又变身了，从一个变成了四十个，巧借现代化技术开展了高效的双师课堂，给每个孩子都分配了一位得力的"私人教师"。双师课堂为孩子们开启了另一种全新的学习方式，也为他们将来的自主学习奠定了坚实的基础。

三、启用视频倍速，监控全程变化

科学的世界有时是昙花一现、变化如神的，有时是慢条斯理、不紧不慢的，有了这变幻无穷的物质形态，就能紧紧地抓住孩子们的眼球。于是卷毛老师的科学课堂，就和孩子们一起穿越时间，跨进不一样的三维立体空间。

"同学们，刚刚小苏打和白醋的实验，你们观察到了什么现象，谁来说一说。"

教室里鸦雀无声，孩子们一个个低下头。咦！什么情况？这真是一个小概率事件，科学实验课上居然出现了无人应答的情形。

"宋×，你来说一说。"

"老师，刚刚的现象太快了，没注意到。"

"李×，你来补充一下。"

"我和宋×感觉差不多，现象发生得太快了。"

这转瞬即逝的实验现象怎样才能让孩子们注意到呢？于是，我再做一次实验，让孩子们仔细观察。但是一双双无辜的大眼直溜溜地盯着我，似乎在说："老师，我还是没看见。"哎！看来对这个实验现象的解说只能由自己唱独角戏了……

在煎熬中，这节课终于下课了。孩子们兴致缺缺地走出了教室，我也感到十分困扰，他们无法观察到实验的一些细微变化，有什么好办法能解决吗？怎样才能让实验的反应速度变慢呢？我的小卷毛又以肉眼可见的速度卷翘了起来，像一颗颗正在生长的绿豆芽。

变慢！变快！！变速度！！！

对，就是改变速度！有了前几次利用现代化技术的经验，我立刻就想到了解决的办法：可以在实验过程中使用摄像功能，把实验发生的过程用视频的形式精准地记录下来，然后选用视频播放器的倍速播放功能，这样就可以随时随地减缓或者加快实验的进程。除此之外，如果需要观察某一时刻的实验现象，就把现象直接通过视频进行截屏对比，完全不需要教师具备超高难度的抓拍技能，一举两得，无形中解决了两大难题。

就像刚刚课堂上的"小苏打和白醋"这类反应十分剧烈的实验，可以使用0.8X或者0.5X的播放速度，这样孩子们不仅可以细致地观察到一些细微的实验现象，还能听到一些细小的反应声音。而像"铁钉生锈了"这类反应缓慢的实验，可以提前在班级里进行实验并摄像记录，观察时使用2X甚至4X的播放速度。孩子们，你们再也不用害怕观察不到细微的实验现象了。

Bingo，卷毛老师上线啦！

"今天我们一起来观察'铁钉和硫酸铜的反应'现象。因为这个实验的反应速度相对来说较慢，所以我们需要借助摄像机来记录实验现象。我们先让它们充分反应，过会儿再来观察它们的实验现象，现在我们先学习其他内容。"……

"现在我们一起来看看，铁钉和硫酸铜反应会有什么样神奇的现象。我们用2X播放刚刚拍摄下来的实验视频。"我把刚刚拍摄的实验过程利用希沃授课助手投影到大屏幕上，方便每一位孩子观察实验现象的变化。

"观察到了什么现象？请你说。"

"老师，我发现铁钉表面慢慢出现了一层红色的物质，而且溶液颜色也发生了变化，不过我看得不是很清楚，颜色到底是怎么变的。"

"其他同学同意他的说法吗？你们有没有观察到溶液颜色发生了什么变

化？我们根据反应前、中、后，从视频中截出三张有关溶液颜色变化的图片，然后比较看看发生了什么变化。"

"老师，我知道了。溶液由蓝颜色慢慢变浅，最后变成棕色。"

"观察得很仔细。谁能把实验现象连起来说一说？"

……

哦！孩子们的卷毛老师又学会了新的魔法——控制时间的能力，她能穿越过去，巧用最常见的现代化技术——摄影和视频播放功能，带领孩子们高精度地掌握科学世界里物质的变化，为孩子们重新开发现有的学习手段提供了新思路。

四、魔法课堂，且行且思且珍惜

在一次次由现代化技术支撑的魔法科学课堂中，我惊奇地发现孩子们对科学的学习兴趣越来越浓。不管是什么科学现象，孩子们总想一探究竟，并且在探究的过程中都有话可说，有问题可问，有参与表达表现的欲望。我也逐渐发现，自己的教学观念慢慢发生了改变。我将实践过的现代化魔法科学课的经验整理成册，形成了一系列的校本课程。

（一）学生由发问转为探寻

在科学课堂上，孩子们从单纯地提出"为什么"的问题，转化为寻找"为什么"的答案。孩子们都是天生的"探索者""哲学家"，而且小学科学的本质就是以学生为中心，满足学生的好奇心和探索欲望。在现代化技术的支持下，放手让孩子们自主探索、积极思考，使学生成为科学课的主人，从小养成爱思考、爱探究的好习惯。

(二) 教师从执行转成思考

从第一次试水"探索宇宙"到后来意识到现代化技术在科学课中的价值;从教师利用微博话题页参与话题互动去饲养、观察、记录蚕宝宝,到放手让学生自己利用《形色》APP去探寻校园里的植物,了解其名称和习性。这样的转变实际上体现了从"教师视角"到"学生视角"的理念转变,让教师真正和学生站在一起,把传统的课堂变成真正意义上的"生本"课堂,有效提高了科学实验课堂的效度。

(三) 实践整理形成课程

在小学科学阶段,常会出现诸如"探索宇宙"之类要借助现代化技术才能实现的科学课堂,这些其实都是校本课程生发的契机。不同类型的科学课需要运用不同的现代化技术,才能让我们的科学课充满魔法的色彩。例如:像"工程类"科学课,我们使用更多的是测量类软件;像"观察类"科学课,我们则需要"互联网十"大数据的支持……通过整理归纳近两年内所实践的现代化魔法科学课经验,我们形成了富有我校特色的校本课程"魔法科学系列课程",从而帮助学生将日常生活中无意识的探索转化为有意识的科学探索。

虽然我这位现实版的卷毛老师不能像《神奇校车》里的弗瑞丝小姐一样,把孩子们带到地球内部去冒险,或让孩子们漫游在电的世界里,但是我也尽己所能,借助现代化技术变出一堂堂充满魔法色彩的科学课。或许这一系列的魔法科学课还无法满足所有学生的需求,不过我会努力做一个孩子们心中"无所不能"的卷毛老师,将所想、所能、所为的全部,投身于现代化的科学课堂中,且行且思,且思且行……

(汤灵敏　浙江省衢州市龙游县启明小学科学科教师　教龄5年)

3. 以审美性阅读促进幼儿发展

本文以审美性阅读策略的实践探索为例，就如何形成基于关键经验的幼儿审美水平发展观，从我的主张、我的尝试、我的观点三个方面作阐述。

一、从寻找审美元素到发展幼儿审美水平

基于关键经验的幼儿审美水平，是指以幼儿五大学习领域的关键经验为基点，主要包括：语言、科学、艺术、健康、社会领域，这些领域经验对审美性阅读共同起到支撑作用。同时基于幼儿的年龄及身心发展特点，以幼儿阅读的材料为媒介，以审美素养养成为指向，其关键点是审美元素的关注度和丰富度，主要包括图画、色彩、情感、语言等多方面的审美因素。我们设想在对阅读材料中的审美元素进行充分解读的基础上，引导幼儿感受阅读材料中的语言美、画面美、情感美，从

而提高幼儿在阅读中的审美感知力、理解力、表现力、想象力和创造力。在充分挖掘、整理、转化、解读阅读材料审美元素的基础上,培养幼儿在阅读过程中体验语言美、画面美、情感美的能力。总之,通过审美性阅读策略的实践探索,实现以下三个方面的转变:在内容上,从关注文学作品、图画书、场景的故事情境拓展到关注阅读材料的审美元素;在方法上,从基础性、经验性阅读走向体验性、审美性阅读;在价值上,从单一的语言关键经验运用转向五大领域中的关键经验的综合运用。

二、审美性阅读策略的实践探索

(一)幼儿审美性阅读内容的选择

1. 把握幼儿审美性阅读的核心要素

审美性阅读就是通过充分挖掘阅读材料中所蕴涵的审美元素,让幼儿在阅读中感受美、欣赏美及理解美。因此,审美性阅读的核心就是审美元素,我们在选择教育内容的时候,应充分考虑阅读材料的审美元素,主要包括语言美、画面美、情感美三个核心要素。

(1)语言美

儿童阅读材料的语言通俗易懂,故事生动有趣,常常运用夸张、拟人、比喻、排比等修辞手法,蕴含着丰富的想象和大胆的构思,语音语调上富有节奏感和韵律感,同时还通过大量的拟声词和重复语句让幼儿在心理上产生愉悦感,符合儿童的语言理解能力及发展特点。优质的阅读材料可以为幼儿创设一个美的语言环境,促进幼儿思维能力和语言水平的提高。

(2)画面美

好的阅读材料，首先在视觉上就会让人体验到愉悦感，这样强而有力的视觉经验，能激发出情感上和思想上的回应。阅读材料的画面美包括色彩美、线条美、形状美、构图美等。例如：每一本图画书，无论是封面设计、线条运用、颜色搭配、空间构图，还是绘画技巧、风格以及所运用的手法，都有其独到之处。又如：场景中的画面，其色彩搭配、空间利用等，也都有不同的意境蕴含其中。教师通过对画面的挖掘及引导，开展多样化的活动，不仅能促进幼儿对图画书、场景画面的感知、欣赏、运用，满足视觉审美的需求，还能激发其艺术创作的兴趣，使幼儿不断提高美术鉴赏能力与审美表现力。

（3）情感美

儿童阅读材料以美好的文字、精美的画面、传神的故事传递对真、善、美的追求，其涉及的主题非常广泛，包括"传递科学知识，宣扬社会正义，表达美好情感，培养良好习惯"，等等。但目前幼儿的阅读活动对认知的重视远远大于情感。对此，审美性阅读应充分挖掘人类道德伦理与美好情感的艺术性表现，使幼儿在对阅读材料情感因素的体验感受中，主动探索世界，根据画面提供的信息，体会文学作品、图画书、场景所表达的情绪及情感，产生相应的情意反应，形成内在的是非观。

2. 选定幼儿审美性阅读活动内容

图画书、真实的生活场景等都是经典的阅读素材，因此，我们的阅读课程聚焦在图画书和真实生活场景等方面，依据确定的总目标与年龄段目标，形成了幼儿审美性阅读活动内容系列（见表1）。

表1　幼儿审美性阅读活动内容

年龄段	学期	集体教学活动	个别化学习活动
大班	上学期	① 哈哈镜;② 浣熊和小溪;③ 司马光砸缸;④ 逛了一圈;⑤ 老鼠娶新娘;⑥ 印章;⑦ 地球的祷告;⑧ 菲菲生气了;⑨ 约瑟夫有件旧外套;⑩ 我也有长处;⑪ 男孩女孩;⑫ 班级塑像;⑬ 喀哒喀哒喀哒;⑭ 菲菲生气了;⑮ 生气的亚瑟;⑯ 拉拉跳芭蕾;⑰ 小池塘;⑱ 彩虹色的花;⑲ 树真好;⑳ 一园青菜成了精;㉑ 花婆婆;㉒ 雪花人	① 欣赏水;② 水中哈哈镜;③ 谁的资源库;④ 印章;⑤ 老鼠娶新娘;⑥ 京剧脸谱;⑦ 制作名片;⑧ 找找说说;⑨ 放电影;⑩ 树真好;⑪ 菜地里的歌;⑫ 菜地里的棋
	下学期	① 听雨;② 树真好;③ 小池塘;④ 广告;⑤ 班班的梦;⑥ 自制纪念邮票;⑦ 海洋生物;⑧ 让路给小鸭子;⑨ 狮子和老鼠;⑩ 大猩猩;⑪ 笨狼上学;⑫ 毕业诗;⑬ 找不到眼镜;⑭ 完美的正方形	① 小小故事屋;② 四季花儿开;③ 四季故事乐园;④ 涂鸦板;⑤ 学说上海话;⑥ 幼儿园里的一天;⑦ 快乐的动物园;⑧ 泥塑小动物;⑨ 小动物;⑩ 毕业诗;⑪ 笨狼上学
中班	上学期	① 小土坑;② 绿太阳;③ 小船悠悠;④ 跟着夏夏的小黄叶;⑤ 稻子和麦子;⑥ 好忙的蜘蛛;⑦ 肚子里的家;⑧ 方脸和圆脸;⑨ 机器兵;⑩ 神奇的毛线;⑪ 给爸爸的吻;⑫ 爸爸的围巾;⑬ 宝儿;⑭ 打瞌睡的房子;⑮ 不怕冷的大衣;⑯ 会变颜色的小狗;⑰ 三只小猪造房子;⑱ 雪人;⑲ 小报童;⑳ 公园里的声音;㉑ 给艾美的一封信;㉒ 神奇的色彩女王	① 抬水;② 夏日的一天;③ 绿太阳;④ 叶子的猜想;⑤ 我是小画家;⑥ 树叶;⑦ 爸爸的手本领大;⑧ 方脸和圆脸;⑨ 布置新家;⑩ 雪地里的小画家;⑪ 小演员;⑫ 雪狮子
	下学期	① 春天来了;② 桃树下的小白兔;③ 在春风里散步;④ 安的种子;⑤ 我变成一只喷火龙了;⑥ 路边的小花;⑦ 小白;⑧ 玩具火车轰隆隆;⑨ 玩具女孩;⑩ 玩具小象回家;⑪ 马路上的斑马线;⑫ 三颗星星;⑬ 问路;⑭ 野兽国;⑮ 狼来了;⑯ 他们都看见了一只猫;⑰ 疯狂星期二;⑱ 画了一匹蓝马的画家;⑲ 天生一对	① 春天来了;② 春天的故事;③ 两个好朋友;④ 汽车美容院;⑤ 交通工具真正多;⑥ 交通工具;⑦ 农场故事园;⑧ 动物园里的故事;⑨ 故事我来讲;⑩ 我和图书做朋友;⑪ 玩具的家;⑫ 七彩蜡笔鼠

（续表）

年龄段	学期	集体教学活动	个别化学习活动
小班	上学期	① 小熊醒来吧；② 快乐的梦；③ 鸡蛋变娃娃；④ 妈妈的肚脐；⑤ 穿越魔镜；⑥ 怪汽车；⑦ 小乌龟看爷爷；⑧ 小雨人儿；⑨ 鲸鱼；⑩ 脚步声；⑪ 好听的歌；⑫ 送大乌龟回家；⑬ 三只小猪的真实故事；⑭ 艺术大魔法；⑮ 雪花；⑯ 迪迪医生；⑰ 小狗卖冷饮；⑱ 团圆	① 小熊醒来吧；② 谁来了；③ 胖熊吹气球；④ 彩色小奶牛；⑤ 小乌龟看爷爷；⑥ 水果吧；⑦ 好听的歌；⑧ 谁的声音；⑨ 鹅大哥；⑩ 吃火锅；⑪ 小狗卖冷饮；⑫ 雪花
	下学期	① 小猪胖胖；② 胖熊吹气球；③ 谁来了；④ 我在矿山的童年；⑤ 小蓝和小黄；⑥ 我的连衣裙；⑦ 春娃娃；⑧ 太阳和月亮；⑨ 春天来了；⑩ 午后；⑪ 变焦；⑫ 灯塔的一天；⑬ 讨厌黑夜的席奶奶；⑭ 爱画画的吴道子；⑮ 先有；⑯ 熊叔叔的生日派对；⑰ 黑脸小白羊大熊山；⑱ 天鹅；⑲ 夏天真热啊；⑳ 蚂蚁和西瓜；㉑ 两只坏蚂蚁；㉒ 魔法的夏天	① 小兔的家；② 小兔乖乖；③ 趣味照相馆；④ 春娃娃；⑤ 春天的小舞台；⑥ 白天和黑夜；⑦ 三只熊；⑧ 动物剧场；⑨ 谁藏起来；⑩ 找凉快；⑪ 好热的夏天呀；⑫ 夏天真热呀

（二）幼儿审美性阅读活动的实施策略

针对幼儿审美性阅读活动内容的丰富性、活动样式的多样性、阅读文本和阅读对象的变化性，我们对幼儿审美性阅读活动的实施策略进行了综合处理，形成了针对活动内容、活动样式、阅读文本和阅读对象的"走进绘本中""亲子阅读时""梦回'东礁里'"三大策略。

策略一：走进绘本中

幼儿审美性绘本阅读活动主要有集体教学和个别化学习两种方式，具体如下。

方式一：在集体教学活动中，夯实审美性阅读之基。我们以一课多研及同课异构的形式展开了审美性阅读课程集体教学的研究，目的在于从不同的角度诠释绘本的内容、主题以及审美元素。通过 360 度剖析绘本,进行教学活动的设计、实施及反思评价,帮助幼儿全方位地感知绘本。具体来说,我们以语言活动形式让幼儿在阅读思考中进行审美感知,以游戏等形式促进幼儿进行审美体验,并通过与个别化学习活动相结合,进一步让幼儿进行审美创作。基于审美心理的相关理论,我们将审美过程所涉及的审美心理与具体的活动步骤对应起来,在每个活动中突出不同的主题与经验。

方式二:在个别化学习活动中,拓展审美性阅读空间。幼儿对于绘本中的艺术表现形式、内容认识与理解,没有统一的模式或唯一的答案,需要幼儿个体基于原有经验去认识和解读。因此,在绘本阅读中进行审美教育时,我们也采用了个别化学习活动。

另外,为了发挥孩子的自主性与表达能力,我们在常规个别化学习活动中,创设了"好书推荐"以及"我设计的书"等审美性阅读的相关内容,让孩子们可以推荐自己爱看的绘本,为好看的绘本设计一幅迷你宣传海报等。而且,幼儿读物在绘画方法、材料应用上也呈现出多样化的特点,这既可以为幼儿积累美术方面的经验,也可以为幼儿的审美学习提供素材。

策略二:亲子阅读时

儿童的阅读,应与家人一同进行。我们在市级家教课题的领航下,开展早期阅读实践活动,以幼儿教师的专业为引领,积极发挥家庭教育的指导作用。通过审美性阅读体验式亲子活动,对幼儿家庭的亲子阅读进行直接指导,让家长明白亲子阅读对幼儿开展基于关键经验的审美性阅读有着不可估量的作用。

方式一:在研讨交流中,实现审美价值认同。幼儿园有计划性、针对性地开展有效的互动交流活动,提供各种互动平台,通过家长与教师交流、家长与专家交流、家长与家长交流等互动方式,提高家长对审美性阅读的早期阅读和亲子阅读的价值的认识。

方式二：在多元活动中，习得阅读指导方法。在开展亲子审美性阅读活动中，家长对审美性阅读的认识逐步提高，但是仍存在着认识到位而方法不当的状况。于是我们开展展示交流活动，给家长提供了可以模仿和借鉴的示例，通过具体可见的方法使家长易懂易学，效果立竿见影。

方式三：在阅读分享中，实现关键经验获取。在幼儿园开展的家庭亲子审美性阅读展示交流活动中，家长与家长之间分享亲子阅读的快乐和习惯，交流亲子阅读的经验和方法，以及阅读内容和资源，也使孩子们体会到与人分享读书交流的快乐。

策略三：梦回"东礁里"

不能让孩子的"阅读"仅停留在书本上，生活中的"阅读教材"也是无处不在的。为了让幼儿在生活中留意身边的风景，积累自身的生活经验，树立阅读意识，养成阅读习惯，为学习能力和品质的形成奠定坚实的基础，我们尝试对"东礁里"审美性情景体验阅读进行探索，以风格各异的弄堂店铺为载体，以特色项目为切入点，通过浸入式情景的开发与创设，让幼儿身临其境，自主开展体验式学习。随着故事的发展，引导幼儿体验事件，尝试着从看、做（画）、说、演（创）四方面进行阅读的指导与示范。

方式一：在一起看中，感受审美性阅读快乐。通过"小人书书摊"和"图书博物馆"这两个场景，指导幼儿阅读的方法，让幼儿用自己的理解来表达看法，然后相互讨论，分享各自的心得。在和幼儿共同阅读的过程中，针对书中的内容向幼儿提出问题，让幼儿去思考。我们可根据孩子的发展水平提问，从简到繁、从小到大、从易到难，层层深入，循序渐进。引导幼儿去思考问题，教会他们一些思考问题的方法，使幼儿边阅读边吸收，边分析边理解，逐渐学会并养成独立思考的习惯和审美能力。

方式二：在动手做中，创作审美性阅读故事。我们创设了"小人书作坊""水墨印染坊""东礁出版社""新华印刷厂"四个场景，鼓励幼儿自制图书。通过图书制作，引导幼儿把对世界的认知经验与想象力结合在一起，反映在自己制作的图书里,成为图书真正的主人,让幼儿在制作图书和阅读自制图书的过程中享受做书和读书的快乐。在审美性阅读内容的选择上,我们精心挑选那些贴近幼儿生活、让幼儿感到熟悉且能引起其兴趣的本土化内容开展阅读活动,或是幼儿生活经历中保留下来的成长相册、旅游相册、观察过程、活动影像等,并通过文字、剪贴画、绘画、照片等方式将其自制成图书。当这些经历以图书方式呈现在孩子们面前时,孩子们往往十分惊喜、激动,迫不及待地想要和同伴分享图画书的故事,因为这是"我"的故事。

方式三:在我要说中,感知审美性表达风格。我们以"新时代学堂"和"时光留声机"为场景,鼓励幼儿大胆说。在"新时代学堂"里,呈现幼小衔接的场景:琴声悠悠,书声琅琅,"立正、起立、坐下",同桌的你可爱依旧;在"时光留声机"中,有铁皮青蛙、水压套圈游戏机等"80后"儿时的玩具。通过这两个场景,我们指导孩子讲故事,在声情并茂、有感染力的朗读中,调动孩子的听觉、视觉通道去感知语言的规范和风格。

方式四:在共同演中,学会审美性表演方法。我们布置了"东礁小剧场"和"红旗照相馆"两个场景。在"东礁小剧场"里,有皮影戏、手偶表演、讲故事、沪语童谣等内容;在"红旗照相馆"里,以老上海街景为背景,拍一张旧照片为今天的精彩留念。通过布置表演的场景、选择制作道具、分配角色、排练表演,以及通过表演游戏再现图画书内容,将动作语言和图书语言连接起来,让孩子感受到乐趣。

三、基于关键经验的幼儿审美水平发展观

(一)基于关键经验的幼儿审美水平发展观的主要价值

1.提升教师对幼儿审美性阅读价值的认识

通过近三年的实践探索，我们针对全体员工开展了对基于关键经验的幼儿审美性阅读价值的认识的调查。在分析阅读对幼儿发展的影响因素的基础上，我们提取了七个重要的价值维度：培养幼儿阅读兴趣、培养幼儿阅读习惯、培养幼儿阅读能力、培养幼儿审美情趣、促进幼儿语言能力、促进幼儿审美能力和促进幼儿健全品格，并按照重要程度分别于 2017 年 1 月、2020 年 1 月展开前后测。结果显示，教师对基于关键经验的幼儿审美性阅读价值的认识有了提升。在前测调查中发现，教师关于阅读价值的重要性排序表现为：对培养幼儿阅读兴趣、培养幼儿阅读习惯、培养幼儿阅读能力三个方面，有较高的认同度；对阅读在培养幼儿审美情趣、促进幼儿语言能力、促进幼儿审美能力和促进幼儿健全品格等方面的价值，认为只是一般重要或不重要，占比相对较高。

对比前后两次调查，我们发现，教师对基于关键经验的幼儿审美性阅读价值的认识有了更为全面的理解，除之前的认识得到巩固之外，对阅读在培养幼儿审美情趣、促进幼儿语言能力、促进幼儿审美能力和促进幼儿健全品格等方面的价值认识有了不同程度的提升。

2. 提高教师审美性阅读的设计和指导能力

在审美性阅读活动开展过程中，教师通过不断地实践和反思，实现了教育观念的更新，以及教育教学水平、自身内涵素养的提升。

审美性阅读的课程研究给教师带来的是一种全新的教育视野。教师们精心设计教学活动，亲身实践，并不断进行反思和调整，深刻地感受到反思所带来的极大改变。在自由、平等的讨论氛围中建构团结、活跃的反思共同体，在这个共同体中，教师们通过不断地自我反思、课程审议和集体研讨等，分享教学心得，不仅提高了参与科研活动的兴趣，更激发了思想的碰撞与升华，使自身的教学水平和反思能力都得到了一定程度的提升。此外，在审美性阅读中，教师通过选择体现"情感美"的中国传统文化主题作品，感受文化熏陶，促进了自身内涵素养的提升。

3. 培养幼儿审美性阅读能力和创造力

本项研究对当前幼儿园阅读活动中普遍存在的"重知识,轻情感和审美"现象作出了回应,着重关注阅读的本质内涵。通过深入发掘审美性阅读活动,在潜移默化中培养了幼儿良好的阅读兴趣和阅读素养,逐渐感受阅读的内涵和本质,较为全面地提升了幼儿的阅读能力和审美能力。

幼儿对阅读材料的理解并不是一次性完成的,而是在生活经验不断拓展的基础上进行思维活动的结果,因此是一个逐渐把握的过程。教师充分调动幼儿的各种感官,综合音乐、美术等艺术表达形式,合理利用教育教学方法如谈话法、观察法、情境法、游戏法等,坚持采用多样的审美教育方法,培养幼儿的审美能力,提升幼儿的审美情感,使幼儿在审美情感的体验之中理解和感受阅读材料中所包含的深意。审美性阅读活动的开展,使幼儿能够在教师的带领下,关注阅读材料中蕴含的主题、画面、情感、语言等多方面的审美元素,同时也使幼儿能够乐于分享他们独特的视角下所感受到的审美元素。

4. 落实幼儿审美性阅读的年龄段目标

我们依据先前制定的基于关键经验的幼儿审美性阅读的年龄段目标,通过"蹲点指导""现场办公""听课评课""研究课"等方式落实常态化的课程教学管理与监控。同时,我们以"一课三研""同课异构"为手段,综合运用课程评价指标,全面落实多元性的评价内容、全面性的评价视角、广泛性的评价者、多样性的评价方法,梳理审美性阅读五大领域与关键经验中幼儿审美水平的达标情况,形成"确立指标—目标导向—对照评价—分析成效—反馈调整"的监控反馈机制。三个年龄段幼儿基于关键经验的审美性阅读各项指标达成情况如表 2 所示,结果显示取得了预期效果,其中小班审美水平达成度为三星、中班为四星、大班为五星。

表 2　基于关键经验的幼儿审美性阅读的年龄段目标达成情况

年龄段及审美水平 \ 五大领域与关键经验		健康	社会	科学	艺术	语言
小班	感受与欣赏美 ☆☆☆	在色彩中感知冷热	愿意和同伴一起阅读	对阅读材料中感兴趣的内容仔细观察	喜欢用涂鸦、哼唱等方式感受与欣赏	在阅读中尝试用简单方式感知美
	表现与创造美 ☆☆☆	通过画面中的色彩表达情绪	和同伴一起寻找阅读材料中的美	观察中发现、感知审美元素	能够模仿阅读材料中的美的事物并展开想象	尝试用简单的语言表达自己对审美元素的理解
中班	感受与欣赏美 ☆☆☆☆	在阅读中感知理解画面的信息，发现审美元素	喜欢和同伴分享阅读	对阅读材料有观察和探究	喜欢用图画、符号等不同的方式感受与欣赏审美元素	在感知的基础上用不同工具或多种表征方式感受与欣赏美
	表现与创造美 ☆☆☆☆	在阅读理解中产生相应联想和情绪反应	把美的发现告诉他人，并愿意倾听他人的发现	在发现感知不同的审美元素的同时大胆联想	能进行审美元素表达，并发挥想象尝试仿编	记录或表现材料中的审美元素，并合理大胆地展开想象进行改编或创编

（续表）

五大领域与关键经验 年龄段及审美水平		健康	社会	科学	艺术	语言
大班	感受与欣赏美 ☆☆☆☆☆	阅读有专注力，并能挖掘和寻找共情的审美元素	主动和同伴共同阅读	积极感受和挖掘阅读材料中的审美元素	能大致用语言表达自己对阅读材料中审美元素的理解	乐于表达自己的审美感受和审美体验
	表现与创造美 ☆☆☆☆☆	在理解共情审美元素的基础上转换情绪和注意	分享阅读中感知的美，尝试同理感知同伴的发现	理解审美元素所传递的审美观点，并产生相应联想	用多种方式表达自己的阅读理解，并与同伴分享	用语言、表情、动作或其他方式与同伴进行交流

（二）基于关键经验的幼儿审美水平发展观的主要突破

1. 对文学艺术教育理论的丰富——教师能力结构是基础

文学艺术教育是指以文学艺术作品作为媒介对人产生影响，从而促进人全面发展的系统活动。文学艺术教育为本研究带来很大的启示：其一，在教育方式上，审美性阅读教学活动的结构系统、运作过程以及调节机制与文学艺术教育相同；其二，在审美对象上，我们需要以文学作品的欣赏感悟和文学创作的操作训练为主要手段和媒介；其三，在素质培养上，充分发挥文学艺术教育的审美性相辅相成、多层面相得益彰的得天独厚的作用。这为研究如何构建教师能力结构提供了思路。

2. 对建构主义教育理论的突破——构建活动意义是内核

建构主义教育理论认为，学习者在原有的经验与知识基础上应主动建构自己的知识结构，强调切身体验对于知识建构的重要性。在审美性阅读教学中，教师不仅要成为幼儿理解阅读内容的促进者，还要成为帮助幼儿将文本内容与本身审美经验连接起来的引导者，以包容理解的姿态尊重幼儿的理解与感受，鼓励幼儿进行思考与探索，在感、想、说、辨中达到意义建构的最佳状态。这为在审美性阅读教学中开展意义构建提供了模型。

3. 对经验之塔理论的延伸——关键经验积累是关键

经验之塔理论将学习经验分为三大类：做的学习经验、观察的学习经验和使用符号的学习经验。这一理论基于人类的认识规律，把学习经验分为具体的和抽象的，提出学习应从生动直观的思维向抽象的思维发展。在此基础上，该理论提出了视听教材分类的依据，即应以其所能提供的学习经验的具体或抽象的程度作为分类依据。"经验之塔"不仅仅为我们提供了理论指导，也让我们明确了如何更好地关注幼儿审美性阅读所需的经验，以及阅读材料的丰富性与层次性。

实践表明，审美性阅读对幼儿感受美、体验美、发现美、创造美（观察力、转换力、联想力、创造力）等各方面都有积极的促进意义。通过参与审美性阅读研究，我们充分认识到，审美性阅读对于幼儿审美水平的达成有着不可替代的作用，我们将努力把审美性阅读植入每个孩子的心灵，实现幼儿审美水平的分段、分层、个性化、可持续性的发展。

（顾晓艳　上海市金山区石化幼稚总园东礁幼儿园园长　教龄 *20* 年）

第二章

发展：教师的专业认同

4. 古诗文创新教学课例的观察与思考

　　古诗文形成于特定的历史时代，是那个时代生活的反映。时代背景的更迭带来语义系统的变化，增大了中学生理解古诗文的难度。随着古诗文阅读热潮的兴起，如何提高古诗文教学的有效性，提高学生对古典文学的兴趣，已经成了刻不容缓的教研议题。随着"新冠疫情"的爆发，"空中课堂"应运而生，并得到社会各界好评，其中的名师课堂也促使我们反思自身的课堂教学。历史史料对中学生古诗文教学有重要意义，但是基于历史史料的中学生古诗文教学实践尚缺乏系统研究。鉴于此，通过观摩长三角地区优秀教师课例，我们深入探索历史史料在中学生古诗文教学中的创新实践策略，以此激活古诗文教学，提升学生的兴趣与素养。

一、问题缘起

2017 年 2 月 7 日晚，武亦姝凭借强大的实力和淡定的气质，在央视《中国诗词大会》第二季总决赛中成功夺冠。在历年的中学生古诗文阅读大赛中，我校总有学生能够在市竞赛中脱颖而出。这些事件都推动了我校学生古诗文阅读热潮的兴起，使选修"古诗文阅读"课程的学生人数快速增加，同时也引发了我对于古诗文阅读教学的思考：如何能够有效保持学生对古诗文阅读的热情？

陶有宏在《中学古典诗歌教学现状问题研究》[①]一文中提出了现存古诗文教学的几个问题：(1) 缺少个性化的唯教参是从；(2) 背离科学化的过度多元解读；(3) 陷于平淡化的无诗意无激情教学；(4) 吟唱教学传统日益消亡；(5) 作业的内容和形式单一；(6) 教学过程倾向于程式化。无独有偶，何莉在《高中史传文阅读教学的策略研究》[②]一文中同样指出，语文老师讲授史传类文言文的方法65％都是逐字逐句翻译，而不是以文代言。这与大部分学生喜欢史传类文学作品的理由是背道而驰的，45％的学生喜欢这类作品的内容的原因是可以借古鉴今，但有31％的学生因不喜欢老师讲授的方式而致使其对史传文不感兴趣。由此可见，淡化文史知识会极大地降低学生对古诗文的兴趣。

20世纪80年代，我国著名历史学家荣孟源把史料分为四大类[③]，一般被认为是较为全面合理的传统史料分类法。第一类为书报，包括历史记录、历史著作、文献汇编和史部以外的群籍；第二类为文件，包括政府文件、团体文件和私人文件；第三类为实物，包括生产工具、生活资料和历史事件的遗迹；第四类为口碑，包括回忆录、调查记录、群众传说和文艺作品。

以武亦姝竞赛中的边塞诗为例，她所感兴趣的不仅仅是个别作家，而是整个唐朝兴起衰落的历史演变过程。因此，通过创建基于历史史料的古诗文教学课

---

① 陶有宏. 中学古典诗歌教学现状问题研究[D]. 华东师范大学，2008：14.
② 何莉. 高中史传文阅读教学的策略研究[D]. 华东师范大学，2012：12.
③ 荣孟源. 史料和历史科学[M]. 北京：人民出版社，1987：18.

程，参照华师大版高中语文教参①，我们列举和归纳了历史史料的内容和作用，如表 1 所示。

表 1　历史史料的内容和作用

史料分类	内容	作用
书报	《史记》《贞观政要》《中国古代文学事典》……	① 提供写作背景，加深古诗文理解；② 解释典故内涵；③ 补充节选课文；④ 了解作者生平
文件	《致诸侄书》	① 同类文章拓展阅读
实物	《柳子厚墓志铭》、西安杜陵苏武庙对联	① 了解作者功绩；② 后人的评价
口碑	《史记钞》《弇州山人四部稿》《兰亭诗》……	① 注解

对教参中历史史料的使用情况进行分析，一方面能帮助我们检核历史史料的使用缺漏情况，另一方面可以促使我们跳出已有视角，设想更多可能。首先，每篇古诗文都会有相关的历史史料，历史史料确实是古诗文教学中的一个必要部分。其次，四种历史史料在教参中都有出现，其中书报和口碑两类历史史料较多，教参所引用的历史史料偏向于补充、诠释作品内容。因此，相对而言，文件和实物类的历史史料是语文教学中容易被忽视的部分。最后，还存在以下疑问：历史史料对语文教学的作用是否仅限于以上这几个方面？ 是否有新的作用？

---

① 王铁仙，郑桂华．高级中学语文教学参考资料［M］．上海：华东师范大学出版社，2008.

二、基于历史史料教学的创新策略使用的观摩思考

通过对 100 节古诗文课堂教学的观摩①，我们发现长三角地区的教师在课堂中对历史史料的运用非常灵活（见图 1）。当然每位老师运用历史史料的习惯会有所不同，这可能跟老师的年龄和性别有关系。这也提示我们在备课时要注意打破固有的习惯，尝试运用新的教学策略。

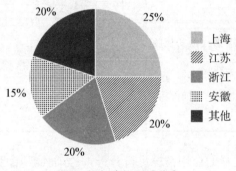

图 1　课例来源区域分布

（一）基于历史史料教学的创新策略方案分析

语文课程标准指出："阅读教学是学生、教师、文本之间对话的过程。"历史史料在阅读教学中所扮演的角色就是帮助学生、教师、文本更有效地完成对话的载体。在古诗文的阅读中，知人论世和理解文意是我们常用的阅读方法。知人论世基本是依据文本生成的时代背景和作家风格进行文化解读；理解文

---

① 资料来源于王荣生的《听王荣生教授评课》、郑桂华的《语文有效教学：观念·策略·设计》、顾之川的《名师语文课·高中卷》、包建新的《语文教学设计与案例分析》和上海地区初高中学段的"空中课堂"视频，在阅读和观摩的基础上，选定了 100 节古诗文课堂教学的案例。

意除了需要基础的文言解读功底外，主要还会涉及相关典故、风俗习惯、特定的历史事件等。

通过观摩，我们将基于历史史料教学的策略分为如下几种方案，如表2所示。

表2 基于历史史料教学的策略方案

基于历史史料教学的分类	教学策略	课例	作用
基于历史史料的阅读分析	导入式教学策略	江苏省特级教师曹勇军执教的《赤壁赋》	了解作者生平及提供写作背景
	助读式教学策略	浙江省青田中学颜碧伟教师执教的《季氏将伐颛臾》	注解
		上海市陈赣教师执教的《谏逐客书》	说明写作缘由
		上海市顾燕文教师执教的《兰亭集序》（第二课时）	还原作者思路
基于历史史料的问题探究	分析已有补充资料	上海市管维萍教师执教的《子路、曾皙、冉有、公西华侍坐》	加深对课文主旨的理解
	比较已有补充资料	上海市李琳教师执教的《促织》	比较优劣，辨析课文优点

（续表）

基于历史史料教学的分类	教学策略	课例	作用
基于历史史料的练习设计	仿写练习	上海市郑朝晖教师执教的《训俭示康》（空中课堂）	加深对论证方法的运用
	思考练习	上海市成龙教师执教的《石钟山记》（空中课堂）	引发学生对人生问题的反思
	比较练习	上海市顾燕文教师执教的《兰亭集序》（第一课时）	比较写作手法异同

由观摩长三角地区的教师课堂可知，教参中所提及的历史史料在课堂中的作用自然也出现在观摩的课堂中，但除此之外，"基于历史史料的阅读分析"中的"还原作者思路"，"基于历史史料的问题探究"中的"加深对课文主旨的理解"，以及"基于历史史料的练习设计"中的"加深对论证方法的运用"和"引发学生对人生问题的反思"，是对历史史料在课堂教学中的运用的创新。

其中，上海市顾燕文教师执教的《兰亭集序》（第二课时）运用《兰亭集序》书法实物中的修改词还原王羲之的写作思路，以此印证对整篇文章的理解。上海市郑朝晖教师执教的《训俭示康》则是通过运用古诗句作为引用论证素材对文章段落进行仿写，以此提高学生的写作能力。

可见，历史史料在课堂中的运用已经有了新的生命，历史史料的作用已经不止于提供文章背景资料或"知人论世"的背景素材。历史史料已经逐渐进入课堂教学当中，甚至成为课堂的延伸。

(二) 基于历史史料教学的创新因素分析

长三角地区优秀教师运用历史史料进行教学的习惯也跟其地域、年龄和性别有关。

通过对顾之川主编的《名师语文课·高中卷》中陕西、河北、黑龙江和辽宁等地教师们的古诗文课堂（包括《念奴娇·赤壁怀古》《旅夜书怀》《阿房宫赋》《赤壁赋》《鸿门宴》和《子路、曾晳、冉有、公西华侍坐》）进行观摩，我们发现对历史史料的运用主要在提供背景资料、比较阅读和补充节选文段等方面。由此可见，长三角地区教师在史料运用方面表现出更多样化的特点，这可能与长三角地区教育改革频次高有关。

通过对长三角地区教师课堂的观摩，我们发现年轻教师对实物和视频类历史史料的使用多于年长的教师。实物和视频资料固然更形象直观，能够引起学生的兴趣，但是使用不当也会与教学目标背道而驰。"一些教师为激发学生的学习兴趣，将一些漫画、电视剧、歌曲等流行文化元素融入到教学情境中。在讲解古诗词时，为学生播放了一些与诗词有关的流行曲目；……许多教师在创设情境时都采用了上述方法，他们将大量流行元素融入到教学情境中，没有对这些元素进行深入的分析，选取的一些流行元素与教学目标、教学内容存在较大偏差，导致古诗文教学演变成绘画课、表演课、音乐课，这与古诗文情境教学所要实现的目标相背离，无法顺利推动古诗词教学工作。"[1]年长的教师更喜欢运用文字资料的原因，可能更多地在于其教学经验的日趋丰富、课堂把握的日趋稳健以及长期以来形成的教学习惯。相信随着教育环境的改变和教育对象的改变，新时代会对教师提出新的要求，进一步推动传统文字历史史料向媒体形式历史史料发展。

通过对长三角地区教师课堂的观摩，我们还发现历史史料运用的创新因素也

---

① 沈克旻. 高中语文古诗文情境教学研究[D].江西师范科技大学，2018：16.

跟性别有关。男性教师更注重应用和联系,女性教师更注重文本和细节。例如,同样在勘误文本细节方面:曹公奇(男)执教的《念奴娇·赤壁怀古》中,曹老师勘误"人道是,三国周郎赤壁"中的"赤壁"并非三国古战场赤壁,其实是黄冈城外的赤鼻矶,即黄冈赤壁;顾燕文(女)教师执教的《子路、曾皙、冉有、公西华侍坐》中,通过实物书法发现其中有用"向之"修改"于今"的情况发生,由此探知作者的写作意图。男性教师更关注文本的现世价值,诸如对人生的反思等;女性教师更注重文本细节,并在细节上有所创新。

(三) 初中学段历史史料运用的观摩与分析

除了教师本身的特点之外,不同的学段和学生的文言水平也是影响教师选择历史史料创新使用策略方案的重要因素。通过观摩初中的"空中课堂",我们发现了以下几种历史史料的创新使用方案,如表3所示。

表3 初中学段历史史料创新使用策略方案

年级	课例	历史史料的作用
六年级	《学弈》	无
	"古诗三首"	① 选集介绍;② 积累拓展同时期的诗歌
七年级	《木兰诗》	无
八年级	《桃花源记》	① 课后练习;② 比较阅读
	《核舟记》、"诗经二首"	无
	"庄子二则"	意象拓展
	"礼记二则"	① 选集介绍;② 文言故事说明课文主旨
九年级	《鱼我所欲也》《出师表》	无
	《陈涉世家》	引入文件,点明选集成书意图

　　在初中学段，教师对历史史料的运用较少，主要是在选集介绍、比较阅读和注释细节等方面。初中学段学生的文言文基础较薄弱，且为基础学段，因此更注重字词解释及文言文常识。但是这是否成为初中学段不宜使用历史史料的决定因素？历史史料在初中课堂中的运用能否跨越文言理解的障碍，以现代文的形式呈现？

　　针对基于注释的教学，"教师访谈反馈的问题有：第一，学生为应试，特别关注识记考核点知识，但对多元的识记方法的掌握不够；第二，教师重视要点字词注释复习及文学与文化适度拓展，而学生对任务驱动下课后延伸阅读训练的重视不够，自主学习习惯还有待进一步养成；第三，师生使用注释链接文本内容解析的维度不够，在巩固应试知识点的情况下，应注意审美情感、价值观等立德树人的训练指向；第四，教师引导学生学习与使用教材中的古诗文注释是一个循序渐进的过程，要充分考虑到学生的年级特点、个性特点与学习特点，有针对性地对注释加以分类教学……"[1]事实上，这些问题也存在于基于历史史料的教学中。基于历史史料的教学既要考虑学段学生的基础水平，也要考虑课堂教学的多元运用。因此，在初中学段，教师可以适当引用现代文版的历史史料，从而增加课堂活力。

三、以课题组为核心的体认与导向

（一）基于历史史料教学的创新策略的活学活用

　　借助对长三角地区优秀教师基于历史史料教学课例的观摩与分析，我们这个由初高中语文教师组成的课题组[2]重新规划并审视了自身的古诗文课堂教学。美

① 朱艳．部编本初中语文教材古诗文注释使用优化策略研究［D］.鞍山师范学院，2019：22.
② 作者负责的区课题"基于历史史料的古诗文教学的实践研究"，立项号为2019C09.

国心理学家和教育家、结构主义教育思想的代表人物布鲁纳指出,"用自己的头脑亲自获得知识的一切形式"都可以被称为发现学习。但学校中的发现学习不局限于对未知世界的发现,更重要的是引导学生凭借自己的力量对人类文化知识的"再发现",其实质就是把"现象重新组织或转换,使人能超越现象进行再组合,从而获得新的领悟,包括寻找正确结构和意义"①。历史史料在古诗文教学中的创新应用,同样也是引导学生凭借已有的历史知识对文本进行"再发现"。

组内成员刘宁宁通过对南宋经济、政治背景及大事件的梳理,发现文学作品中所表达的主观情感并不一定跟历史事件完全一致,有时恰恰只是作者"借他人酒杯,浇自己块垒"。这个问题就很值得让学生探讨,能够激发学生兴趣。

组内成员顾佳乐通过对初唐到中唐皇帝与臣子的关系以及社会经济文化背景的梳理,发现"一代帝王之兴,必有一代名世之臣"。文人的心情及主张跟辅佐的君王的思想有很大的关系,而这也是能够引起学生好奇的关键点。

组内成员刘懿宁通过对中唐到晚唐的历史背景与知识的梳理,发现晚唐政治动荡不安,但这一时期的诗人仍不失对美好未来的向往,与宋代的文风相差甚远。这也值得跟学生探讨,可以激发学生的学习热情。

文史不分家,历史史料在教学中的应用一定还有更多创新的、值得探究的方式。我们自然会继续观摩和实践历史史料的运用方式,找到适合不同水平学生的策略方法,激发学生克服文言文学习障碍的勇气,培养他们的古诗文阅读的兴趣和习惯。

(二)新媒体时代创新课堂形式的探索与应用

"新媒体是相对于传统媒体而言的,是利用数字技术、网络技术、移动技术,通

---

① 桑青松,罗兴根. 心理学(中学)[M].北京:北京大学出版社,2018:279.

过互联网、无线通信网、卫星等渠道以及电脑、手机、数字电视机等终端，向用户提供信息和娱乐服务的传播形态和媒体形态。新媒体强调的是影音文字信息的整合，如微信公众平台制作的图文消息，以及类似的美篇、简书等。互动性则是新媒体独特的魅力所在。"①在疫情期间，我们尝试探索利用新媒体创新课堂形式，如微课、直播等（见图2）。

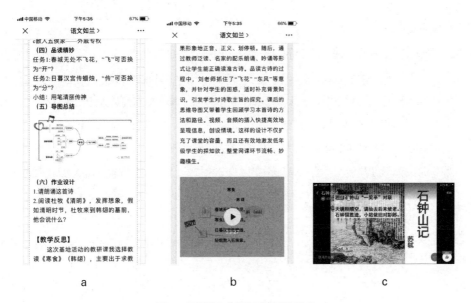

图2　课题组成员探索课堂形式

　　图2a和图2b是组员刘宁宁在"兰保民基地"公众号上的思维导图和微课视频，图2c是笔者的钉钉直播课。该阶段的尝试引发我们对古诗文教学的思考：历史史料在新媒体中的运用是否仅限于呈现和补充？针对不同的学段，媒体形式是

---

① 王丽琴.教师新观念——30位教师的教育故事[M].上海：华东师范大学出版社，2019：2.

否也应有所区分？在批判传统学校教育的基础上，杜威提出了"做中学"这个基本原则。那么，基于历史史料的教学是否也能够通过互动的形式与学生形成交互式学习模式？学生对历史史料的理解与应用是否能通过交互式学习形成"做中学"的高效学习模式？针对新媒体时代创新课堂形式的需求，我们就先从观摩和探索做起吧！

参考文献

[1]顾之川. 名师语文课·高中卷[M]. 济南：山东教育出版社，2019.

[2]王荣生. 听王荣生教授评课[M]. 上海：华东师范大学出版社，2008.

[3]郑桂华. 语文有效教学：观念·策略·设计[M]. 上海：华东师范大学出版社，2009.

[4]孙绍振，孙彦君. 文学文本解读学[M]. 北京：北京大学出版社，2015.

[5]葛兆光. 古代中国文化讲义[M]. 上海：复旦大学出版社，2012.

[6]孙绍振. 月迷津渡——古典诗词个案微观分析[M]. 上海：上海教育出版社，2012.

[7]包建新，等. 语文教学设计与案例分析[M]. 杭州：浙江大学出版社，2012.

（顾静莹　上海外国语大学附属浦东外国语学校语文教师　教龄7年）

5. 借"阿里三板斧"推进青年教师园本培养

2019 年 2 月，中共中央、国务院印发的《中国教育现代化 2035》中提出十大战略任务，其中之一是：建设高素质专业化创新型教师队伍。那么，青年教师培养的现代化应该怎么做？ 学校管理者应该有什么样的思路？ 我们通过学习"阿里巴巴管理三板斧"中的"腰部三板斧"，从中发现了一些体现教育培训现代化思维的方式，意识到要懂战略、搭班子、做导演；[1] 在"借用"之时，也不是照搬照用，而是有所思考，取其精华，迭代更新。

一、第一板斧——懂战略

学校的整体发展需要顶层设计，那么青年教师的培养是否也需要顶层设计呢？ 关于这个问题，在阿里巴巴"腰部三板斧"之第一板斧"懂战略"中，我们似乎找到了答案。战略是一种从全局考虑谋划发展目标的规划，是一种长远的规划，是远大的目标。那么,幼儿园青年教师培养的战略要点是什么?

(一) 有远见

幼儿园青年教师一般指 1—5 年教龄的教师,这些教师将会发展成怎样的教师,这是作为培训管理者首要思考的问题。也就是说,对于青年教师明天将会成为怎样的教师,从其进入园所的那一刻开始,我们就须进行规划。刚入职的青年教师们通常还在学生和教师的角色之间过渡转化,他们有的兴奋,有的期待,有的困惑,有的迷茫,要帮助他们顺利地转型成合格的教师,那么和他们一起树立起有效的长远目标就很有必要。因此,我们创设青年教师培训课程。在青年教师培训课程的创设之初,先依据《幼儿园教师专业标准(试行)》中四大基本理念制定适合 1—5 年教龄幼儿园青年教师发展的总目标。

总目标: 培养青年教师成为幼儿为本、师德为先、能力为重、终身学习、有初步创造力的教育者。

阶段目标:

第一阶段,初入职。顺利完成角色转换,掌握基本执教能力,有初步的专业知识与能力,尝试自主创造。

第二阶段,尝试期。基本掌握一日活动常规,大胆尝试,在教育教学实践中有自己的思考,在各类活动中积极体验,初步形成自己的教学风格。

第三阶段,突破期。胜任幼儿园班主任工作,积极参加园内外各项活动,在教育教学实践中有自己的见解,初步形成自己的教学特色。

总目标是希望青年教师们通过 5 年的学习与实践,能够基本胜任幼儿园教师的工作,并在工作中注重师德、发展能力、培养学习力和创新力,为 5 年之后的发展奠定基础,规划好自己的教育职业生涯。

阶段目标是希望青年教师们能够根据自己的发展需求,搭建逐渐向前迈进的阶梯，前一阶段为后一阶段的发展打下基础。

(二) 有全局

青年教师职初的发展涉及方方面面，我们在园所内依托培训、竞赛、联动等活动来激发教师们的学习兴趣，并在课程的实施、能力的培养和个性的挑战等方面给予指导，不仅包括了幼儿教师业务上的班级管理、教育教学等内容的培训，也涵盖着推进专业后续发展的科研、表达、观察等能力的培养。

其中，主要有集中培训：职业认同、半日活动、家长工作、环境创设、案头资料等；竞赛活动：案例分析、观后感、教玩具制作、科技创意、讲故事等；考核活动：沙龙活动、师徒带教、精彩 10 分钟、见习基地等；自主发展：观察幼儿、读后感撰写、做过一次专题、上过一次公开课、培养幼儿阅读习惯等。

(三) 有共性

在青年教师的专业发展需求中，有很大一部分是需要共同满足的，例如：半日活动的组织与实施、各类活动的组织要点、一些专业能力等。对此，为他们设计的培训、竞赛、联动等活动可满足于青年教师们共性的基本发展需求。其中联动活动，是指骨干教师和青年教师之间的积极互动。

(四) 有个性

除了满足青年教师的共性发展需求外，我们也给予处于不同发展阶段的教师们一些个性发展的提示，引导教师们教有所长、学有所专。阶段目标的设定也是从教师们不同的发展速度出发，引导他们寻求自己的发展目标。自主发展的内容预设亦是给予教师们个性化的提示，以此找到最适合自己的发展空间和行动指南。正因为有了个性化的指导，很多见习期教师很快就进入了第二阶段、第三阶段。

在这里，"懂战略"让我们看得更远、更全、更细。

二、第二板斧——搭班子

搭班子就是指找到合适的人、培养人和做团建。[2]在幼儿园中，对于青年教师入职后的培训，我们更为关注的是如何培养人和做团建。

(一) 培养青年教师的三个机制

培养青年教师的三个机制分别为"培训落地制""反馈交流制""师徒带教制"。

1. "培训落地制"促知行合一

"培训落地制"是指定期举办各项集中培训活动，让青年教师直接获得课程实施的相关经验，并将培训内容运用于教育教学实践，同时，定期观察、评析教师是否将培训内容落地，以其成效来进一步评估后期的培训内容。例如，开展"生活活动"相关培训后，青年教师们是否真的能够内化并加以运用？对此，需要通过观察班级幼儿的发展情况进行评判，可结合课程每月观察，深入分析幼儿生活表现，以反思培训成效；或是撰写相关案例，将理论与实践相结合，以深化思考。

2. "反馈交流制"促思想碰撞

(1) 对话交流反馈

在教师开展活动后，观摩者(通常是培训者或者师父)和教师之间展开对活动的反思交流。先由教师自主交流，再由观摩者加以评析，并给出建议。过程中采用对话的模式，对问题进行剖析和思考。

这个过程需体现：管理流程化，流程工具化。[3]运用表格做好每位教师的记录，将每学期的记录积累起来，就是教师们的成长轨迹(见表1)。

表1　实践活动反馈表

活动时间	××年××月××日	执教者	×××
活动名称	半日活动组织	评析者	×××
优　势		1. 教态亲和：语言亲和，能和幼儿亲切互动。 2. 环节流畅：半日活动过程清晰。 3. 习惯培养：运动结束后幼儿自主摆放物品。	

表　现	分　析	建　议
1. 声音过轻，幼儿有时听不到。	1. 教师胆子不大。 2. 缺乏自信。	1. 多在集体面前表现自己。 2. 锻炼大声讲话。
2. 游戏中过多介入。	1. 教师对介入时机的把握不足。 2. 缺少观察幼儿的意识。	1. 以观察为主，站稳10分钟。 2. 5种情况下才介入。（参照《3—6岁儿童学习与发展指南》） 3. 促进小班角色交往可多以平行游戏介入。

（2）反馈专题会

反馈专题会，是指在开展某一类实践活动一段时间，并观察了每一位青年教师的活动后，对青年教师的情况进行总体梳理和分析，面向全体教师进行反馈交流，在共同思考的基础上相互提升。

3."师徒带教制"促经验分享

每位青年教师都有一位教学师父，和师父之间每月会有固定的学习、交流时间。见习期教师多一名教育师父，在日常教育中通过共同班级管理、常规交流等方式进行带教。通过规律性的指导和日常随机式的指导，大大促进了青年教师的成长。

（二）培训者应避开的"坑"

培训者应避开"甩手掌柜型"管理和"保姆型"管理这两个"坑"。[4]"甩手掌柜型"就是什么指导也没有,也不给支持,直接让被培训者自由发挥。这样的管理在青年教师入职初期相对无力。而"保姆型"管理恰恰相反,是什么都管、什么都包揽,如果在青年教师的发展中过多地介入,是会适得其反的。那么怎样的指导和支持比较适宜呢?

首先,了解四个象限。从给予青年教师的指导和支持的角度可以分为四个象限。即,高指导、低支持;高指导、高支持;低指导、高支持;低指导、低支持(见图1)。[5]

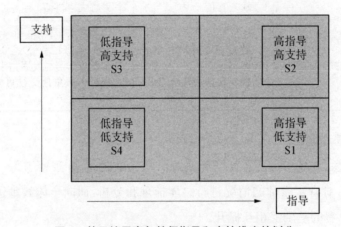

图1　基于给予青年教师指导和支持维度的划分

其次,对应发展阶段。第一阶段,青年教师刚入职,兴趣很高,但是缺乏经验和实战能力;第二阶段,有了一些经验,但仍需要一定支持;第三阶段,有了更多的经验,逐渐能够独立应对各种情况;第四阶段,已经基本胜任,能够独立应对各种情况,有自己的想法;前三个阶段基本是在青年教师期,第四阶段已经向骨干教师和成熟教师发展。

最后,开展因材施教。每位教师入职的起点是不同的,同时其自身的发展速度也不同,综合各方面的因素,青年教师们在不同的阶段有着不同的发展目标,因此,需要开展因材施教,充分调动每一位教师的积极性。第一阶段,对应第一象限的青年教师,我们应给予更多的指导,就是多示范、多引导,帮助其做决定;第二阶段,对应第二象限的青年教师,这时我们处于教练的角色,就是既要引导,也逐步给予一些支持,但还是居于主导位置;第三阶段,对应第三象限的青年教师,我们应给予更多的支持;第四阶段,青年教师已发展为成熟教师,此时我们应更多地放手与授权了。

因此,青年教师培训的核心是:随人才的发展变化而变化。培训者切不可在初期放手过多,做"甩手掌柜",这样易使青年教师产生不知所措的状况;也切不可在青年教师能力已经很强、经验也很足的情况下,仍然给予"保姆式"的指导,那样只会让他们感到束缚。到底处于哪个阶段,对应哪个象限,每位教师的情况不是绝对相同的。对于不同的青年教师,需要依据其学历、经验、学习力、成效等进行综合考量,并给予恰当支持。即使对于同一位青年教师,也要随着时间的推进,重新评估其能力,调整相应的支持和指导力度,以适应其发展需求。

(三) 做"走心"的团建

一般而言,团建就是指通过一起活动、合作游戏、组织外出等形式凝聚人心、团结力量。在培养青年教师的过程中,我们更是通过一次次活动、一个个细节来增强团队的凝聚力,提升团队意识。

1. 共同"战斗"凝聚人心

所谓共同"战斗",是指幼儿园青年教师共同完成一些事,例如,一起准备开园环境、共同组织志愿者活动、组织全园大活动、筹备教师节庆祝活动等。在共同的活动中,教师们各司其职,每个人都有自己的位置,都要努力地出一份力,并且在达成目标的时候,一起欢呼雀跃。这种一起为同一目标奋斗的"战友情"能牢牢地凝聚人心。例如，在我园筹备区级师训经验交流展示的大活动时，骨干教师、青年教师、培训者、园长每个人都有自己的任务，有人筹备视频，有人表演节目，有人准备道具，有人导演小舞台剧，等等。每个人都发挥着自己的优势，力求做到最好，展示出最优秀的我们。活动后，反响热烈，每一位参与者都沉浸在快乐的喜悦中，因为我们共同付出过。

2. 个性定制深入人心

个性定制，即对于每位教师的成长，培训者都有所发现和记录。我们给每位青年教师带去个性化的感悟，给予其个性化的期许，以满足个性化的成长需求，形成深入人心的触动。与个性定制相关的活动有：一字谏言书签、发展奖状、新年祝福等。例如，通过一学期的学习、培训、考核、观察，对每位教师下学期的发展给予指导建议，并做成一字谏言书签，有"亲、亮、稳、柔、童"等。

在这里，"搭班子"让我们做得更实、更稳、更贴心。

三、第三板斧——做导演

什么是导演？导演是一幕剧的核心，是在幕后的CPU。当演员表演不够到位的时候，导演也会亲自传授。总之，导演需要把控全局。在培养青年教师的时候，我们也可以尝试"导演"的角色。

（一）用"十六字"展示行动力

什么是"十六字"？就是"我做你看，我说你听；你做我看，你说我听"。[6]

首先，我做你看，我说你听。

培训者，或者师父们在对青年教师进行初期的引导时，可以采用这种方法。这有点类似于"模仿法"，可激发青年教师们动用全身的感官去感受执教过程中的细节——看，看互动交流；听，听交流语言；动，记录过程；想，思考过程原因。例如，在培训者开展半日活动时，青年教师们进行观摩并记录，在活动后撰写反思小结。同时，培训者举行交流会，对自己的半日活动中的细节给予提示，如为什么站位在门口，为什么有声调的变化，为什么开展餐前交流，等等。

从"我做你看，我说你听"中，青年教师们可直观感受培训中提及的课程实施要点，并在过程中加以观察、记录、对应。在培训者的讲解中，青年教师可进一步了解为什么这样做，如果不这样做可能会发生什么。同时，培训者也留出创新思考的空间，引导青年教师自主思考，激发其深度学习。

接着，你做我看，你说我听。

由青年教师们展开半日活动，培训者或者师父们对过程进行观摩和记录。这个时候，观摩者需要做好全程记录，如果没有发生原则性问题，就不能随便介入教师的执教过程。之后，通过交流、讨论来提高教师自主执教的有效性。这里，交流必定是青年教师自主思考的过程，对活动组织、自身成长进行反思。

但有一个例外情况，从原则上讲培训者是不介入的，只是观察，但是面对幼儿的教育是有时效性的，因此，如遇原则性问题，还须及时纠正。不过，一般是在青年教师基本完成活动后，给予一个补充即可，要保证青年教师在班级中的威信。

《论语》说道："不愤不启，不悱不发。"意思是说，在教学过程中，不到苦思冥想时，不要去提醒学生；不到欲说无语时，不要去引导他。同样，青年教师亦是"学生"，也须在激发了他的思考后，再去引导他。"你做我看，你说我听"给予了教师们自主参与、自主思考的机会，此时进行引导，可使其更加容易产生共鸣和新思维的迸发。

这个方法适用在半日活动、家园沟通、亲子活动等实操型的活动组织中。

（二）用"交流会"展示思考力

每次实践后，我们都会开展一次交流会，交流会上先由执教者分享交流，再由观摩者进行分析和对话。培训者和执教者之间也通过反馈、交流等形式来探讨内容，可以从事情的过程、教师的发展和实践的组织等方面展开，既要总结比较成功的原因，也要思考其中的不足。交流会的原则就是畅所欲言，大家都要打开心扉，用最真诚的态度去面对，帮助青年教师们看到自己的优势和发展空间。而青年教师们呢，需要在对话中梳理有效经验，以为自己将来所用。

在这里，"做导演"让我们做得更精、更有效、更接地气。

四、进一步的思考

（一）教育现代化是一种"精益求精"

《掌控习惯》一书中提到：2003 年前碌碌无为的英国自行车队，通过在每个容易和意想不到的地方寻求 1％ 的改进余地，5 年后，夺取了奥运会该项目 60％ 的金牌，接着，更是打破了 9 项奥运会记录和 7 项世界记录。[7]

这给了我们怎样的启示？就是：精益求精。

在青年教师培训中，我们力求做到精益求精。设目标，我们设定总目标和阶段目标；定制度，我们确保制度落地；做团建，我们做"走心"的团建；做培训，我们因人而异，因材施教；做导演，我们耐心等待成长。我们期待教师们在有效支持下每一次都能有所进步，哪怕只有 1％。

（二）教育现代化是一种"迭代更新"

有专家在《把握教育现代化八大基本理念的实质》一文中提到：持续更新教育理念，教育现代化的核心是人的现代化。[8]这样看来，师资培训的现代化在教育现代化中是重要的一环。教师理念的更新换代、不断优化,对教育现代化具有深远的意义。

无论是青年教师还是培训者,都需要不断更新自己的教育理念。青年教师在培训中优化行为,将教育理念落地,就是对自我的革新。培训者不断学习新的理念,管理的、教育的、培训的、研究的,等等,这些理念都能服务于教师们的专业成长,形成良性的学习动力。我们尝试运用阿里巴巴优秀的管理理念,提升青年教师培训体系,就是理念更新的体现,也是教育现代化的体现。

(三) 教育现代化是一种"因变而变"

有学者在《教育治理现代化:何种教育,如何现代化》一文中提到:不能因为盲目崇拜现代化的技术而照搬西方,而是必须在学习借鉴的过程中探索属于自身的道路。[9]

科学技术一直随着时代的变迁而产生变化,我们顺应变化的同时,也要思考属于自身的教育现代化道路。那么,到底应如何"因变而变"? 其实就是用批判的思维对现代文明的新理念进行取舍,取其精华,去其糟粕。未来,时代的变迁势必会推动我们用更加新颖的理念再度优化现有的教育实践、教育管理、教育培训等。即便如此,我们也要追溯历史,寻找我们文化中优秀的教育资源。这样,既不固步自封,也不盲目追新求异。适度地推进教育现代化,这也许就是我们所追求的目标。我园会继续顺应新时代的变化,基于传统的优质资源,吸取新时代的优秀经验,培养适应新时代需求的教师。

参考文献

[1][2][3][4][5][6] 许林芳. 管理者终生受用:阿里管理三板斧[EB/OL]. 今日头条,2019.

［7］詹姆斯·克利尔．掌控习惯［M］．迩东晨，译．北京：北京联合出版公司，2019：4.

［8］常生龙．把握教育现代化八大基本理念的实质［J］．今日教育，2020(1)：11.

［9］刘铁芳．教育治理现代化：何种教育，如何现代化［J］．国家教育行政学院学报，2020
(1)：15.

（曹毅　上海市松江区谷阳幼儿园副园长　教龄 11 年）

6. 教师在线教学的角色审思和身份认同

　　"新冠"疫情期间，教育部提出了"停课不停学"的要求，全国各地各级教育部门纷纷响应，因地制宜地搭建云平台、云课堂，一场史无前例的大规模在线教育实验由此展开。这场突发的全国中小学"在线教学"热潮，是特殊时期的应急之举，也是一种教育改革创新，为我国当前教育现代化的发展提供了重大的机遇与挑战。

　　在线教育发展的快进键已经按下，广大一线教师无一不卷入了这场教育信息化变革的新浪潮，这种倒逼机制使教师面临着教育教学与信息技术融合的新一轮挑战。本文试图将研究的对象锁定在中小学一线教师，考察他们在开展在线教学过程中所经历的角色审思和身份认同等问题。

一、线下到线上：在线教学的角色审思

所谓教师角色，是指教师履行其身为一名教师所具备的职责功能，侧重于关注教师"知道什么"与"怎样做"。[1]在"停课不停学"的背景下，中小学一线教师履行其"停课不停教"的职责开展线上教学，他们搜集、设计学习材料，组织、实施教学活动，有的教师甚至变身为"十八线主播"，开设直播课，录制微课等。

通过梳理"停课不停学"期间国内在线教育研究的相关文献，笔者发现不少学者对基于线下到线上转变的的教师角色进行了研究，并提出了相关建议。他们认为，教师是在线教学的创造者、[2]设计者和组织者，[3]是学生学习资源的建设者和学生自主学习的辅导者、答疑者；[4]教师作为在线教学的最终实施者，他们在线教学的能力决定了学生能否充分地参与其中。[5]显然，"停课不停学"的指令从外部设定了促成这场在线教育实验变革的教师专业角色，赋予了教师在开展线上教学方面全新的角色期待。

在线教学对教师的"知"和"做"提出了更高的要求，也带来了极大的挑战。一方面，教师不仅要具备足以使在线教学顺利实施的信息技术应用能力；另一方面，教师还要克服网络空间教学模式的差异性，以学生为主体，以学生的学为中心，重新设计教学活动，适切性地开展在线教学。疫情发生以前，绝大多数教师缺乏开展线上线下混合学习的教学经验，因此，当他们从常规的课堂教学直接跳跃至纯在线教学时，面临着网络环境和硬件设备不完善、在线教学设计能力不足、在线学习学情难以把握等诸多困难和问题。[6]"在线教学不是传统课堂的线上搬家"，在师生分离的情况下，教师要促使学生积极参与并主动投入学习，就必须采取符合在线教学规律的学科教学方法，从教学理念、教学设计、学生管理、家校配合等方面做出调整和转变，[7]为学生提供高质量的学习支持服务。广大一线教师坚持不

懈地实战学习、反思提高，不断尝试在线教学的理念和方法，便是其提升在线教学能力最现实、最有效的路径。

二、教师的信念：变革之中的身份认同

不同于教师角色，教师身份认同指向的则是一名教师如何确认或感知身为教师的自己，侧重于关注教师个人的期望以及价值观，即教师对"我是谁""我为何属于这一群体"这一类根本问题进行追问，它非常强烈地影响着和决定着教师开展教育教学的方式、专业发展和成长的方式以及教师对待教育变革的信念态度。[8]

"停课不停学"的指令给教学环境和教学方式带来了巨变，外界对教师设置了新的角色要求，即要求教师应该开展在线教学。教师处在这样的变革之中，须对自我专业身份进行相应的转变乃至重构，即自我身份的选择、建构与认同。教师是否认同"在线教学"，在多大程度上认同，以怎样的方式实现认同，这是教师决定参与这场在线教育变革有效程度的关键。纵观全球教育信息化发展历史可以发现，事实上各国政府历次试图以新技术改变教育的结果都是令人沮丧的，其重要原因正是教师对于新技术的运用大都流于浅表，远未达到重塑教学形态、提升教学效能的境地。[9]国内外大量的研究成果显示，教师对信息技术的态度信念，即他们对技术在教学应用中的价值和成本的评价、他们使用信息技术的意愿，会影响他们学习技术应用的愿望、对教学中技术应用变革的准备程度以及技术应用变革实施过程中克服遇到的困难并坚持下去的意志力，这些都对教师能否成功运用信息技术开展教学带来巨大的影响。

没有教师的协助和积极参与，任何教育改革都不可能成功。[10]教育信息化发展、教育改革创新的核心在于"人"。从线下到线上，外部对教师的角色规定或是教师个体的外部行为改变并不能促成教师内在的身份认同，也难以替代教师深层

价值观念与身份的变化。本文试图将研究的视角从教师外在的"规范论"转向教师内在的"存在论"。疫情之下关于教师的话语,更多地强调"教师应该如何",审视教师全新的角色要求,而缺少对教师主体内在自我认同的关注,即在开展在线教学过程中,教师自我身份的重构是如何深刻影响他们的教学实践的。

三、朝圣的旅途:教师身份的自我重构

在现代生活中,人们追求确定性,我们对身份的认同就像是一次朝圣,解决的是我们"如何从这一处去往那一处"的问题。朝圣者不仅在行走,而且是有目的地行走。但是,后现代生活充满了不确定性,为了应对多变的、多元化的社会,人们就必须放弃一致而稳定的身份认同,从而丧失了作为一名朝圣者所拥有的非常明确的目的以及坚忍的意志,成为漫游者、观光者、流浪者和游戏者,解决的是"我要去哪里"这一问题。[11]

在"停课不停学"背景下,面对在线教育实验变革,教师该"何去何从"? 对此,他们纷纷踏上了寻求身份认同的"朝圣旅途"。有研究者将教师在教育变革中的自我重构分为四种类型:"领头羊"——淡定的观光者,"适应者"——蜕变的朝圣者,"小卒子"——淡漠的流浪者,"演员"——愤恨的怀旧者,[12]这些不同的反应类型折射出教师专业身份认同不同的表现程度。基于此,笔者认为中小学一线教师在全国这场在线教育实验变革中所扮演的自我形象有以下几种。

(一)"先锋者"

来自 WX 学校的 G 老师是 S 市 Q 区的中小学数学学科教学能手,前几年就接触到了"翻转课堂",并在自己的教学中开始实践这种线上线下混合的教学方式。"停课不停学"期间,G 老师作为学校分管数学的教导主任,组织教师们录制

微课，每个年级分工合作，录制了数十节微课，为学生定制了居家学习的课表。她积极推动学校"微课＋直播"的教学实践：

> "我想把我个人的探索变为大家共同的探索，此次疫情期间的在线教学正是这样一个契机，让我将微课程教学在全校推广开来。更多的老师加入了我们的研究团队，大家主动地去运用技术转变教学方式、创新教学方法。虽然我们现在研究实践的进展还很有限，但相信在这个技术迅速变革的时代，我们的老师都能迎难赶上，不会落下。"

像 G 老师这样的一类教师，他们是信息技术的拥护者和推广者，早在疫情发生前，他们就已经开始了自己的"朝圣之旅"——将线上线下混合学习模式运用到自己的日常教学中，因此成为这场"停课不停学"在线教育实验变革之中的"先锋者"。外部对教师开展在线教学的角色规定已经同化为这些教师的身份认同，符合他们对自己教师身份的理解和期望。在这场变革中，这类教师的特点是与时俱进、积极进取，其身份认同实现了教师个体自我和社会自我的相统一，他们找寻到了适切的专业身份，获取了个人自我表达的现实空间，从而建构起变革之中的个人意义，大大提高了参与教育变革的积极性。

（二）"适应者"

来自 JE 学校的 X 老师是从 Y 市引进的骨干教师，已有 15 年教龄的他将此次在线教学的经历视为重新学习、再次成长的契机：

> "虽然我也算是一位老教师了，但作为骨干教师，这种时候我肯定逃不了承担在线教学的任务。信息技术给教育带来变革是大势所趋，线上学习占学

校教学的比重在今后肯定会越来越大。疫情期间,我参加了 S 市线上教育中心名师直播课程的录制,一番挑战摆在眼前,只能迎难而上。虽然我对这些新平台、新的教学方式还比较陌生,但今后肯定是要继续去学习、去钻研的,有什么困难总归能克服。"

像 X 老师这样的一类教师,他们认同在线学习对教育的积极作用,对疫情带来的新一轮教育信息化变革有所憧憬。这类教师在"停课不停学"期间,从实施在线教学的一开始就坚定地朝着目标"朝圣",但在这一过程中,他们会感到困惑、担忧、失望,无法按照预定的设想实施变革,于是他们改变、调整自己,蜕变成为变革之中的"适应者"。他们在开展在线教学的过程中,有的缺乏信息技术应用的知识和技能,有的缺乏设计、组织在线教学的经验,虽然他们在实践中经历过失望,但并不绝望,而是打破僵局,保有希望地通过各种调试策略克服困难,重新对自己进行定位。在线上教育这股热潮的冲击下,他们已经不再留恋原有的"家",而是认可新的专业角色和专业身份,并怀有憧憬地向着规定角色不断前行。

(三)"冷漠者"

来自 CD 学校的 Q 老师是一位 70 后的"尾巴",她表示"停课不停学"期间在线教学所掀起的变革对她来说无足轻重,她只要跟着"指挥棒"走就行。她这样讲述道:

"疫情期间,我们学校的线上教学工作要求不算太折腾,没有要求我们一定要直播或者录微课。我就按部就班地督促学生根据 S 市线上教育中心的课程安排进行自主学习,每天在班级 QQ 群布置相应的作业,在线批改反馈,这两个月我和学生的互动其实并不多,主要是盯着家长,让家长盯着学生。

前两年 S 市在轰轰烈烈地建设未来教室，这两年在连续搞全市的微课大赛，此次疫情让线上教育中心平台实现了全市覆盖。教育改革的花样总是层出不穷，我觉得这种新鲜事物的热度都不会太长久。总之，让我做什么，我照着做就是了。"

像 Q 老师这样的一类教师，他们行为上服从指挥、按章行事，但并不意味着真正支持变革，在他们内心深处，对这种变革是漠然处之的。疫情之下，在线学习应急上线，他们无奈地离开了自己内心原有的"家"，但并不向往改革所设定的"新家园"，而是成为"流浪"途中的"冷漠者"。对他们而言，"改"是必须的，至于"怎样改"则无关紧要。虽然他们开展线上教学，但他们认为自己的在线教学实践是无足轻重、微不足道的。他们是一群没有"家"的人，在每次面临变革时，他们都会顺从地离开，但这种顺从却是不值得依靠的。这些教师面临着较大的冲突，无法真正建立起教育变革情境下对自己身份的认同，因而他们对变革的推动也是无力的。

（四）"怀旧者"

来自 ZH 学校的刚满 40 周岁的 Z 老师，对在线教学则有些不以为然，他认为教育信息化改革"是没有出路的"，"最后还是会回到老套路的"。他说：

"我感觉现在教育已经被商业绑架了，搞了一个'在线学习'，教育局、学校、家长都去升级更新装备，花了大量的资金在网络环境、平台建设上，这是不是功利主义、形式主义？在线学习轰轰烈烈地搞了两个月，学生复学后的检测结果是令人无比失望的，在线学习的效果对于大部分学生甚至是负面的。下线后，我们的课堂关起门来还是老思路，线上线下混合的模式目前看来也是不可能真的能推行起来的。"

任何变革都会有抵制者,抵制可以是情绪上的,也可以是行为上的。像 Z 老师这样的教师,虽然经历了疫情期间的在线教学,但仍然是"老思路",在他们内心深处没有离开过原来的"家",认为变革最后还是要回到老地方的。当各类教育信息化活动强有力地冲击着一线教师的教学工作时,这些"怀旧者"内心的抵制变得更加强烈。身份认同的核心是对价值的认同,但"怀旧者"对教育变革所倡导的新价值观持有紧张甚至是对立的态度。他们对变革不予合作,表现出抗拒或惰性的现象,或是把变革当成"表演","上有政策、下有对策"即是他们行为的真实写照。他们并不认可新的教师角色,也很难建立身份认同,因他们在教育变革中不愿丢弃旧有习惯而影响着变革的真正落实。

由"停课不停学"带来的这场在线教育实验变革,对中小学教师给出了更高的角色期待,教师对其身份的自我重构呈现出了"先锋者""适应者""冷漠者""怀旧者"四种类型,他们在变革中扮演着不同的自我形象,显示了其对专业身份认同程度的差异,直接影响到变革的具体实施。对不同类型的教师应适当地提供分类指导,从而促使教师在变革中发挥更积极的能动作用。我们应关注到不同教师群体并制定相应的推动策略,发挥"先锋者"在教师群体中的专业示范与引领作用;针对"适应者"知识、能力与经验上的需要提供相应的专业发展支持;为"冷漠者"在变革中提供更多个人成长的机会,使其逐渐投身变革;加强与"怀旧者"的交流和沟通,转化他们对变革的观念和态度,从而弱化其对变革的阻力。

参考文献

[1][8] 李茂森. 教师的身份认同研究及其启示[J]. 全球教育展望,2009(3):86-90.

[2] 朱益明."停课不停学"与在线教学发展的审思[J]. 教育与教学研究,2020(3):41-49.

[3][6] 王继新,韦怡彤,宗敏.疫情下中小学教师在线教学现状、问题与反思——基于湖北省"停课不停学"的调查与分析[J].中国电化教育,2020(5):15-21.

[4] 朱磊,韩润社,陈洁媛.疫情防控背景下"停课不停学"在线教学实践探索[J].中国教育信息化,2020(7):27-31.

[5] 宋灵青,许林,李雅瑄.精准在线教学＋居家学习模式:疫情时期学生学习质量提升的途径[J].中国电化教育,2020(3):114-122.

[7] 焦建利,周晓清,陈泽璇.疫情防控背景下"停课不停学"在线教学案例研究[J].中国电化教育,2020(3):106-112.

[9] 董辉,钱晓雯,曹晓婕.信息化改革中的教师:政策认知与专业处境——以"一师一课"政策为中心的探讨[J].教师教育研究,2020(2):39-47.

[10] 联合国教科文组织总部.教育——财富蕴藏其中[M].联合国教科文组织总部中文科,译.北京:教育科学出版社,1996:15.

[11] 齐格蒙·鲍曼.生活在碎片之中——论后现代道德[M].郁建兴,周俊,周莹,译.上海:学林出版社,2002:75-114.

[12] 尹弘飚,操太圣.课程改革中教师的身份认同——制度变迁与自我重构[J].教育发展研究,2008(2):35-40.

（钱晓雯　江苏省苏州市高新区成大实验小学数学教师　教龄 9 年）

7. 青年问学社：批判性思维培养的学习共同体

批判性思维的发展是实现教师教育理念和实践现代化发展的关键。近年来我们通过大量观察发现，针对青年教师能力的培养缺少具体的指向，尤其是青年教师批判性思维的培养，未得到重视或是未寻找到有效培养路径。青年教师在教学实践中缺少判断、分析、反思及创新，走老路教新书的现象屡见不鲜。因此，我们试图通过"青年问学社"这一学习型组织载体，建设去中心化的、学习者和空间呈分布化的、基于某种目标和需求灵活开展的自主型学习组织。青年问学社这一指向青年教师批判性思维培养的学习共同体，就是基于教师个性化、多样化的发展需求，尝试一系列新的治理形态的组织形式上的实践和探索。

一、青年问学社的管理体制与组织特征

(一) 完善的管理体制与灵活的组织形式

经过 7 年时间的不断探索,青年问学社已经形成较为健全的管理体制。青年问学社中有召集人、班主任、学术顾问、驻组领导,目前约有青年教师 45 人,分成 8 个小组。每组搭配 1 名驻组领导作为观察员参加每次的学习活动,聘请专家智囊团作为学校的学术顾问全程参与指导工作。同时,采用固定＋灵活的学习分组机制,以满足青年教师个性化、机动化的学习需求。

1. 问题导向下的自发型学习小组

推进教师队伍治理体系和治理能力的现代化,必须坚持问题导向,着眼于治理效能提升,所以对于教育治理现代化的学习共同体建设,我们首先从调查中发现问题。[1]我们对本校全部 0—5 年教龄的青年教师以及区内部分 0—5 年教龄的青年教师展开量表调查,课堂观察、记录,以及行为特点分析,发现青年教师的批判性思维能力普遍较弱。因此,聚焦问题发现,我们明确青年问学社这一学习共同体的目标是培养青年教师的批判性思维。

我们采用《教师批判性思维倾向量表》[2](见表 1),让成员进行自查。被试根据每一道题目叙述的真实情况,在"非常同意""同意""有点同意""有点不同意""不同意""非常不同意"等选项中圈选适当的答案。圈选"非常同意"记 6 分,"同意"记 5 分,"有点同意"记 4 分,"有点不同意"记 3 分,"不同意"记 2 分,"非常不同意"记 1 分,得分越高,表示被试的批判性思维倾向越高。图 1 显示了 100 名青年教师测量结果统计分析的情况,表明青年教师在多角度分析与准确判断处理等方面的能力较弱。

表 1　教师批判性思维倾向量表(部分)

1. 我尝试采取不同的角度去思考同一个问题。
2. 我尝试去应用一些新的观点或概念。
3. 在讨论中,我试着去尊重他人的观点。
4. 即使在面临复杂的问题时,我仍然设法保持理性和有逻辑的思考。
5. 在使用某一消息之前,我会先思考这一消息是否可靠。
6. 我尝试去检证新观点的价值与可靠性。
7. 在做决定时,我会把外在的影响因素纳入考虑。
8. 在处理问题时,我尝试先将问题定义清楚。
9. 我尝试自我质疑的方法,来决定自己的观点是否具有足够的说服力。
10. 在解决问题时,我设法收集最新与最完整的相关信息。
11. 从讨论或观察当中,我很快就能了解他人的感受与想法。
12. 当证据不足时,我会暂缓做判断。
13. 在解决问题时,我试着考虑各种不同的解决方案。
14. 当有足够的证据显示我的观点有些偏激时,我会立即修正我的观点。
15. 在着手解决一个问题之前,我先试着去找出这一问题的发生原因。
16. 对于新近发生的争议性问题,我尝试去了解其来龙去脉。
17. 当他人提出一个论点时,我试着去找出这个论点中所隐含的主要假设。
18. 我尝试去进一步探索新奇的事物和观点。
19. 在讨论中,我会仔细聆听他人的发言。
20. 在做决定之前,我试着去预测所有方案可能产生的结果。

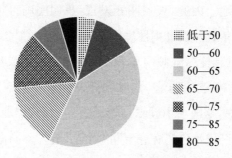

图 1　《教师批判性思维倾向量表》结果统计图

　　外部观察主要是邀请驻组领导和专家对青年问学社成员的课堂进行观察、记录,依据《聚焦批判性思维能力培养的课堂观察表》[3](见表 2),采用定性描述的方式，对课堂教学过程进行真实客观的描述。通过拍照、录像、笔录的方式记录教师的教和学生的学的过程，将其作为精准分析青年教师批判性思维的典型行为特征的重要依据。

表 2　聚焦批判性思维能力培养的课堂观察表

学校：	年级：		课题：
执教者：	观察者：		时间：
维度	视角		现场描述
教师的教	1. 引发思维参与：观察教师如何通过有效的教学情境，引发学生的参与热情。		
	2. 指导思维过程：观察教师如何引领学生经历观察、想象、猜想、验证、抽象、推理等思维过程。		
	3. 外显思维过程：观察教师如何暴露学生的思维过程，并通过提问等方式进行有效指导。		
	4. 培养思维品质：观察教师如何培养学生思维的批判性、深刻性、灵活性和敏捷性。		
学生的学	1. 思维参与状况：观察学生的情感、体态、语言等外在表现，初步判断学生的参与状况。		
	2. 经历思维过程：观察学生的思维过程，包括正确的思想和错误的思维。		
	3. 获得思维产品：观察学生是否能正确解决问题，并能有条理地表达自己的思考过程并提炼出思路。		
	4. 思维品质表现：观察学生能不能独立思考，主动发现问题、质疑问难。		

青年教师根据自身在教学和科研等方面产生的具体问题、发展需求以及提高批判性思维能力的愿景，会自主寻找学习伙伴进行合作讨论学习，形成自发型学习小组，这为我们青年问学社学习共同体中的教师"小研究"这一培养策略提供了高效执行的源动力。

2. 问题解决中的集中型学习小组

在问题解决的过程中，我们充分发挥青年问学社集中型学习小组的优势，引导全体青年教师在固定分组中实现分工合作，智慧地讨论问题解决的多种策略，在质疑与互动研讨中创新解决问题的方式。[4]例如，通过集中型学习小组，落实完成青年问学社每期活动的主持、互动、观点分享、活动记录等工作；共同参与学习每期的专家主题讲座；参与观摩青年教师"小研究"的答辩活动，并进行互动质疑；合作完成情景模拟问题解决的主题活动。

（二）高效 OKR 法则与去中心化的组织特征

OKR 中的"O"是指目标，"KR"是指关键结果。[5]我们将管理学的有效手段应用在青年问学社这一学习共同体的现代化建设中，即：聚焦培养青年教师批判性思维这一目标，通过青年问学社这一学习共同体实现培养青年教师批判性思维能力的关键结果。[6]青年问学社根据教龄、问题类型、解决方式等维度进行分层，建立了高效、灵活、去中心化的批判性思维学习共同体。

1. 时间的灵活性

青年问学社的培训一般安排在 8 小时工作外的业余时间，一次集中学习 2 小时左右。同时，自发型学习小组成员可以自行约定时间开展讨论，并提交共同学习过程与成果。时间的灵活性可让青年教师在工作繁忙之余获得良好的学习体验。

2. 空间的多样性

创造线上、线下，校内、校外多样学习空间，使青年教师既可以在自己的工作室或集中学习地点展开点对点、面对面的交流活动,也可以开展线上共同学习活动;既能参加校内理论学习,也能参加校外跨区域、跨学科联盟考察实践活动。

3. 学习伙伴的交叉性

青年问学社的培训活动打破学科之间的界限,青年教师可以根据自己的学习成长需求和兴趣爱好寻找适合的学习伙伴。我们发现有很多老师会选择不同学科,甚至不同学校、不同教龄的老师作为学习伙伴,实现混域、混龄交互学习。[7]

4. 内容的可选择性

在青年问学社的培训活动中,所有的内容都是灵活且可选择的。教师聚焦自己在教学中出现的问题,以小提案的方式提出专项学习内容申请资源,表达需求,与其他成员组队进行研究,若提案通过便会成为下一次培训的主要内容。青年教师也可以根据自己教学中的兴趣点提出研究方向与设想,由青年问学社以及相关专家开展论证。学习内容的可选择性既是青年教师兴趣的起点,也是培养批判性思维的重要内在动力因素。[8]

二、青年问学社建设路径与推进策略

(一) 基于集中思辨与个性反思的情景模拟

1. 实施路径

批判性思维主要包括能提出问题、理解某事物的意义和有能力分析等方面,是德育和智育的结合。我们模拟真实问题现场情景,通过提问、即时分析、实时判断、及时解答来培养解决问题的批判性思维能力(见图2)。

2. 策略探索

首先,收集青年教师教学中的疑难、班级管理中的问题、个人成长中的困惑,

图2　基于集中思辨与个性反思的情景模拟实施路径

将上述问题在情景中重现。其次，以小组为单位抽选题目，青年问学社每一组内成员既是情景模拟导师，又是其他组模拟情景中的解决问题者。模拟情景与解决问题的角色互动是对现实中真实问题的二次判断与思考，考察教师分析解决问题的能力及应变的技巧和智慧。最后，现场的观评小组、专家团队、骨干教师进行点拨互动，促使青年教师静下心来反思，分析原问题，厘清解决问题的思路，获得深层经验智慧，同时也促进青年教师提升质疑能力。

3. OKR 评估

聚焦问题分析的真实情景模拟是指向青年教师批判性思维培养的有效策略，是 OKR 法则中关联目标和行为的生动演绎。通过青年问学社这个学习共同体的平台，将青年教师以个体思辨与集体合作的形式透明化。没有固有的"参考书"与"标准答案"，青年教师在真实透明的情景中聚焦自己解决问题的目标，集中思辨，演绎行为，并在观评与点评中反刍问题根源，深度培养批判性思维，并将解决问题的思维应用在平时真实的教育教学实践中。

（二）基于发现问题的批判性课堂实践

1. 实施路径

从课堂教学问题入手，通过创新文本解读方式，从两个形式、五个环节开展批判性课堂实践活动（见图3）。

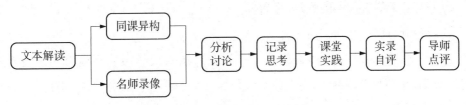

图3　基于发现问题的批判性课堂实践实施路径

2. 策略探索

为改变以往传统的自主备课与集体备课的方式，克服青年教师惰性，改变青年教师备课时依赖教参、老教师经验、名师教案而不进行独立思考的现状，我们开展现场文本内容解析，让青年教师现场独立完成完整的分析与思辨过程，制定教学目标，选择教学方式，设计教学内容。再通过青年问学社小组内开课评课，将文本解读在真实课堂上还原，对教学价值进行讨论辨析。最后梳理教学实录，以自评、互评、专家评的方式记录批判性思考过程，完成课堂教学实践从自主判断到分析再到实践的全过程，促进青年教师批判性思维过程的养成。

3. OKR评估

聚焦批判性思维过程养成的现场文本解读与课堂实践三评是培养青年教师批判性思维的便捷策略。青年问学社中的班主任及观察员针对青年教师的发展需求，讨论制定出OKR课堂教学目标：（1）青年教师自主解读教材进行教学设计；（2）学习共同体成员组队观课、评课，结合学情深化文本理解。青年问学社这一学习共同体小组机制将青年教师的学习网格化，组队教师在听课时也要对组内教师的执教课进行OKR分析：课堂的目标是什么？达成的结果是怎样的？更好的策略是什么？目标的调整与聚焦将有助于青年教师批判性思维过程的快速养成。

(三) 基于解决问题的教师"小研究"

1. 实施路径

我们从培养科研型教师着眼,围绕"问题",从对问题敏感到提出问题、拟定解决方案、丰富解决策略再到实证与经验推广,开展基于解决问题的教师"小研究"活动(见图4)。

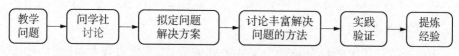

图4 基于解决问题的教师"小研究"实施路径

2. 策略探索

青年教师针对自己教育教学实践中的有价值的问题,着手撰写"小提案"或"小研究",记录自己已经采取的问题解决措施,并通过青年问学社寻求研究合伙人进行组队研究,尝试从多角度提出解决问题的策略和方法。在此基础上,我们邀请专家智囊团在青年问学社中开展答辩环节,就研究问题的价值、策略的有效性等开展讨论,最终将能够在课堂上运用的有效策略优化提炼成"小研究"方案,并将此方案再次运用到课堂实践,进行反复验证,最后对经验进行提炼,形成经验总结或者是小课题,以此增强青年教师的探究意识与解决问题的能力。

3. OKR 评估

青年教师的可持续创新发展与终身学习能力是掌握批判性思维能力的重要行为特征。[9]"小研究"这项策略有助于深度挖掘青年教师的内在思考动力。青年问学社成员自主组队并共同讨论制定 OKR,[10]驻组领导和专家考证各组 OKR 制定的合理性,并在学习共同体内加以公示,以便各组打卡与互相监督,促进学习共同体成员批判性思维的高效养成(见表3)。

表 3　各组共同讨论制定 OKR

目标： 关键结果 1： 关键结果 2： 关键结果 3：	P1：（必须做的） P2：（应该做的） P1： P2：

三、成效

经过对教育治理现代化视阈下的学习型组织的不断探索,青年问学社这一学习共同体在 OKR 治理策略的实施、学习型组织理念的深化与实践、青年教师批判性思维的养成方面已有一定成效。

(一) OKR 高效教育治理现代化策略的有效实践

青年问学社属于现代化教育学习共同体,在明确指向青年教师批判性思维这一突出问题方面做出了大胆的治理尝试,而且实践表明我们的尝试是有效的。对于青年教师这一特殊的教育团体,需要跨领域引进 OKR 高效管理智慧方法,并不断尝试最前沿的信息化技术以及教育理念,时刻为青年教师提供鲜活的观点,让青年教师保持思考的饥渴,使他们更有教学智慧,从而推动课堂转型,为培养学生的高阶思维提供源源不竭的动力,实现教育治理常态化、制度化、长效化。

(二) 教育治理现代化下学习型组织理念的内化与落地

青年问学社这一学习型组织重点突出"问学"二字,"问学"指善于反思发问,不断研究琢磨,形成自身学习体系。为提高青年教师的批判性思维能力,青年问学社通过提出真实问题、共同研讨解决智慧、案例分析思考、听课研课等系列培养活动,让青年教师在思想意识上达成参加新型学习共同体的共识,并在参与学习的过程中将其内化为于自己适切的学习路径,促进了这一新型学习组织的真正落地。

(三) 促进青年教师批判性思维能力的养成

通过青年问学社的培训,具有 0—1 年教龄的教师能逐步建构起具有个人特色的教学行为,使批判性思维有所发展,减少不必要的焦虑感和不适感;具有 1—3 年教龄的教师能更加专业而又深入地对自己的教学行为进行反思,批判性地看待他人的教学行为,同时在专业化、现代化的引领下,更快地走上专业化教师的发展之路;具有 3—5 年教龄的教师能形成强烈的内在发展动机、清晰的个人发展定位和职业规划,找到自己感兴趣的研究方向并进行自主探索,在特定领域获得较大成功。

参考文献

[1] 付钰. 从"教师队伍管理"转向"教师队伍治理"——建构教师队伍治理体系和治理能力现代化[J]. 教学管理与教育研究,2018,3(5):10 - 14.

[2] 吕国光. 教师批判性思维倾向量表(TCTS)的修订[J]. 黄冈师范学院学报,2007,27(3):63 - 67.

[3] 张殷,罗星凯,张红霞. 科学教师批判性思维倾向与课堂行为的研究[J]. 全球教育展望,2018(8):59 - 68.

[4] 魏小石. 充分发挥教师在学生小组合作学习过程中的作用[J]. 吉林教育,2013(11S):129.

[5][6][10] [美]克里斯蒂娜·沃特克. OKR 工作法[M]. 明道团队,译. 北京:中信出版

集团,2017.

[7] 黄淑娜. 如何在小学数学教学中培养学生的学习兴趣和思维能力[J]. 学周刊,2015(3)：146.

[8] 罗以宏. 培养学生批判性阅读技能的行动研究[J]. 中小学英语教学与研究,2018(2)：16-20.

[9] 多拉·豪维尔,王爽. 批判性思维和创造性思维——推动知识社会前进的主要动力[J]. 全球教育展望,2001,30(12)：1-4.

（徐　佳　浙江省杭州市下沙第二小学语文教师　教龄6年；
孙　倩　浙江省杭州市经济技术开发区文思小学语文教师　教龄1年）

第三章

评价：以终为始的导向

8. 基于过程管理的"五色花"评价体系

评价改革是实施素质教育、深化学校教改的一个重要领域。近年来，我校参照上海市教委"绿色指标"评价体系中有关学生发展的各项指标，围绕促进学生全面发展这一核心目标，结合本校过程管理实际构建了"五色花"评价体系。

一、理念先行，三维度创新评价实践

（一）以多元性的评价指标体系为引导

学校选取"绿色指标"中与学生发展密切相关的五大关键指标开展深入实践，根据办学理念及校情，将指标进行重组，构建我校的"五色花"评价体系，即基于学生发展的五大素养，包括学能、德能、创能、体能与心能，确立多元性的评价指标体系。这是保障学生教育质量的前提条件。

(二) 学生教育质量评价立体式运作

为有效获取学生五大素养的发展信息,学校采取立体式评价运作模式,表现在三个方面:一是评价主体,由学生、家长、教师三位一体组成。二是评价方式,有机融合量化评价与质性评价。三是评价过程,线上评估与线下评估并行,线上评估以教育评价网络平台为载体,将纸质记录转化为电子化信息,用于数据分析、统计及档案管理与运用;线下评估以校本化《学生发展手册》为载体。

(三) 全方位开放教育活动的诊断与反馈

学校将学生质量评价作为保障教育质量的基础,从两个维度对整个教育质量保障体系进行诊断和反馈:从微观层面讲,发挥评价促进学生发展的功能,对学生可持续发展进行有效指导;从宏观层面讲,学校将确立教育质量保障的关键点,透过数据发现这些关键点存在的问题,分析深层原因,及时反思,调整教育发展过程中的偏差。

二、构建"五色花"评价体系及实施的支持系统

(一) 构建多元性的评价指标体系

首先,学校进行内外部环境分析:(1) 研读"绿色指标"十大指数的基本内涵和指向;(2) 对学校"五色花"评价体系一、二级指标进行梳理,了解实施起点与基础。其次,以环境分析为基础,学校选取"绿色指标"中的五大关键指标,分别是学生学业水平指数、学生学习动力指数、师生关系指数、学生品德行为指数与学生身心健康指数,开展深入实践,立足学校实际情况及办学特色,提出了学校对教育质量的认识。学校将五大指标进行重组,构建了"基于学生全面发展的多元性五色花评价指标体系",如图 1 所示。

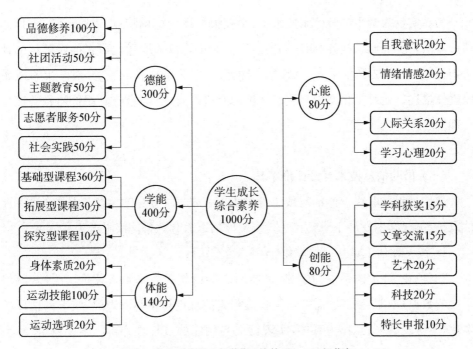

图1　学生成长"五色花"评价体系一、二级指标

依据有关教育质量的理论观点及我校学情,针对每个年级的具体情况,学校将20个二级指标细化为三级指标,并确立相应的评价标准,尝试将指标框架具体化,使其贴近学生的发展实际与需求。同时,从评价要点、信息来源两个方面体现出该评价体系的主要特色——"开放性"。

1. 评价主体：学生、家长、教师三位一体

评价学生的主体不是单一的教师群体,将学生、家长也纳入其中,采取学生自评、同伴互评、家长参评、教师参评等方式,确保能够获得有关学生发展更为全面、客观的信息。

2. 评价方式：定量与定性相融合

为真实反映学生的整体素质水平,学校根据评价指标特点,采取灵活、多样的评价方法,比如测试、问卷、制作档案袋等。对于难以采取量化形式加以呈现的评价指标,学校采取质性评价,比如综合性评语、学生的成长收获等,对学生素质予以整体描述。通过量化评价与质性评价的有机融合,进一步凸显评价的科学性与合理性。

(二) 借助信息技术开发评价工具

评价过程采取线下评估与线上评估并行的方式,贯穿学生发展始终,线下评估以校本化《学生发展手册》为载体,线上评估以教育评价网络平台为载体。

1. 线下评估工具——校本化《学生发展手册》

"五色花"评价体系中的学能、体能与心能由相关教师负责评价,并导入网络平台的数据;德能、创能则需要学生收集相关信息进行填写。因此,线下评估以校本化《学生发展手册》作为载体,实现德能与创能的过程性评价。学校将市级《上海市学生成长记录册》与校级《学生发展手册》进行整合,制作成分年级的记录性成长档案《上海市格致初级中学学生发展手册》。该手册囊括学生在校学习生活的各个方面,包括学生自我规划、校园争章、社团活动与志愿者服务等,体现了实践活动记录、获奖信息记录、学生自我评价、师生与家长评价等内容。

学校借助《学生发展手册》倡导学生自我规划,使之成为学生"成长引擎",实现全面发展向自主性发展的突破。学生在开学初规划自己一学年的成长目标,指向德智体美劳、社团活动、实践经历等方面。同时,学生随时记录一学年中各类活动参与情况,完成阶段性的形成性评价,不断总结、反思自己的成长经历,培养成长自觉。

2. 线上评估工具——教育评价网络平台

为实现对学生每学年发展情况的数据进行分析、统计、管理及运用的功能,学校借助信息技术,把学生全面发展的评价情况转化为电子化信息,搭建了教育评价网络平台。该平台的各信息记录模块已与学校各项工作并轨,如"德能"与"创能"的填写内容与校本化《学生发展手册》相匹配,且平台的数据接口也已延伸到每位教师、学生及各教育教学职能部门。每学年平台会自动生成每位学生的终结性评价——"评价雷达图"与"五色花"评价图,帮助学生本人、家长与教师直观、全面地掌握学生各方面素养的发展情况,有助于为学生可持续发展提供有效指导。

(三) 制定校内开放的自我评估流程

学校将学生质量评价结果作为保障教育质量的基础与证据,从宏观层面进行诊断和反馈,调整教育发展过程。

首先,学校确立教育质量保障的关键点,包括课程建设、课堂教学、德育实践等维度;其次,构建学生教育质量保障的诊断系统,透过数据发现关键维度存在的不足或突破点,分析原因,及时反思,提出改进教育活动方面的建议;再次,建立学生教育质量保障的信息反馈系统,将建议反馈给相关人员,不断完善教育发展过程。为此,学校制定了校内自我评估的实施流程(见图2)。

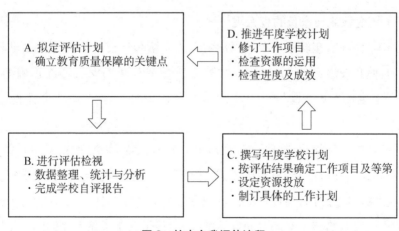

图2　校内自我评估流程

以学生全面发展为导向,优化学校管理制度与工作机制,通过校内自我评估,将"五色花"评价体系的学生质量评价结果作为保障教育质量的基础与证据,尝试从多个维度进行诊断、改进与反馈,获得了较大成效。

(四) 建立一套"五色花"评价体系支持系统

第一,编拟《教师评价系统填写指导手册》《学生评价系统填写指导手册》与《学生信息预填表格》,以保证学生填写的信息有效、真实、全面。

第二,开展全员式培训。对于如何填写信息、审核信息等具体操作细则,学校针对不同的对象,开展相应的培训,其中包括学生、班主任及审核教师。

第三,制定信息审核制度。为保证学生信息填写的真实有效,各级指标均由专人负责信息审核。同时,为确保审核工作规范有序,学校制定了相应的审核制度。

三、探索实践,逐步发挥评价功能与价值

(一) 转变教师与家长的育人观

通过项目实施,扭转学校单纯以学生学业成绩和学校升学率评价中学教育质量的倾向,使我校教师树立起科学的"教育质量观",帮助家长形成正确的"养育观",改变学生的"成才观"等,关注学生的全面发展。图 3 是学生评价结果的示例。

梅同学,是一位学习成绩良好,在班里有较好人缘,平时不太爱运动的学生。当家长看到这一评价结果,发现孩子的"体能"和"创能"均低于自己的预期。与班主任交流后找到了原因,出现以上评价结果主要源于家长不关心不重视上述两个方面,从小就没有给孩子空闲时间发展特长,给孩子安排了做不完的作业和教辅资

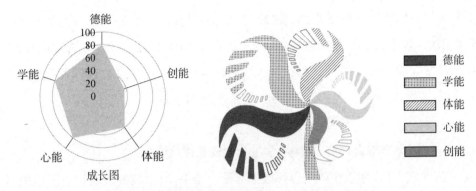

图3 梅同学的"雷达评价图"和"五色花"评价图

料,连假期里都排满了补习课,家长只抓学习,基本不让孩子接触其他方面,而平时班主任也较多地关注他的成绩,因此使孩子的成长有了偏差。班主任和家长经过商讨,与学生沟通,确定了最佳解决方案:首先,从暑假开始,家长和孩子一起商量假期里学什么,要把家长单方面的规定变成学生自己的主张;其次,在假期中家长尽量利用空闲时间带孩子外出旅游,在出游时让孩子决定去哪、怎么去,家长尽量做到不替孩子做决定,以培养孩子的独立处事能力与判断力;最后,由孩子自由支配空余时间,如他喜欢打篮球,就让他约几位同学打篮球,这是培养健康体魄和心理的重要途径。像梅同学这样的案例还有许多,可以看到,在"五色花"评价体系的推进过程中,教师与家长都在潜移默化中发生着改变。

(二) 引领学生全面自主成长

校本化《学生发展手册》成为学生"成长引擎",协助学生掌握与反思五方面素养的发展情况,指导学生可持续发展。评价体系将过程与结果相结合,发挥评价促进学生自主发展的功能。例如,王同学是一名非常优秀的学生,在语、数、外及其他科目的考试中均取得了优异成绩。在解读了具体数据以后,王同学自己发现了今后学习和成长中的增长点,如"学能"方面,她在语、数、外等科目上都表现得非常出色,而让她出乎意料的是自己的"心能"没有得高分。经过分析发现,虽然自己是班级的学习委员,但在关心同学、同伴沟通方面还是没有获得大部分同学的认可,这也将是她在下一学年工作中需要改进的地方。

(三) 以数据整合评价,为保障学生全面成长提供依据

"五色花"评价体系中的过程性数据与评价结果,对学校的发展产生了积极影响。首先,该体系转变了以往单纯以学生学业成绩衡量学校教育质量的倾向;其次,在项目实施阶段,基于数据和事实依据,学校在课程重建、德育实践、品格养成、家校沟通等方面有了一系列新的尝试与举措,为学校进一步落实和调整教育教学机制提供了数据。

学校在"五色花"评价体系实施过程中跟踪并反馈学生个体及群体的成长过程。同时,学校通过数据分析并运用大数据指导学校工作。以学校初二年级学生为例(见图4),数据表明此年级在创能指数得分上偏低。对此,学校教导处和德育

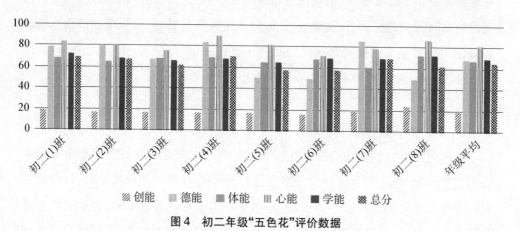

图4 初二年级"五色花"评价数据

处意识到，在开展各类活动和科技类比赛时没有考虑全体学生及不同程度学生的潜能发挥，因此学校改进参赛规则，如设计无门槛及鼓励全体学生可参与的创意活动，以保障全体学生的自主成长。

学校围绕促进学生全面发展这一核心目标，构建科学、公平、动态，且具有学校特色的"五色花"评价体系，推进"绿色指标"评价体系在基础教育阶段的有效量化。基于学生质量评价的结果，发挥评价体系对整个教育质量保障的引领和监控作用，通过螺旋式循环实践，强调研究过程与行动过程相结合，有针对性地实施并不断完善，逐渐形成以促进学生全面发展为导向的各种管理制度和工作机制，推动学校整体教育质量的不断提高与可持续的创新发展。

四、反思与总结

（一）简化审核和操作流程才能发挥网络平台作用

在实践中发现，由于有大量数据需要集中审核，相关负责老师的工作强度较大，为提高工作效率，学校计划对审核程序进行简化，使教师操作更为简便。同时，继续改进网络平台的技术，使学生在家里只要能上网就能输入信息，家长利用手机也能随时查看孩子成长情况，使这个网络化的评价平台真正成为学生成长路上的好助手。

（二）打通壁垒才能有效对接学生教育质量管理

自全面评价方案实施以来，学校不断梳理、整合、创新对学生教育教学方方面面的质量评估。其中，关键在于学校各个职能部门是否真正能够通过网络对接学生教育质量的管理，打破条块管理的限制，突破学科的界限，以尊重学生的个性、差异和发展需求为主，形成一套关注学生全面发展的评价系统。只有这样，才能把学生的教育回归育人的本原,才能让技术助力教育的腾飞。

参考文献

[1] 冯晖. 教育评估现代化的内涵特征与推进策略[J]. 上海教育评估研究,2019,6(3):1-4.

[2] 张楠,宋乃庆,申仁洪. 新时代教育评价改革的价值意蕴与实践路径[J]. 中国考试,2020(8):6-10.

[3] 汪建华,徐颖婕. 教育评估结果反馈探究[J]. 上海教育评估研究,2020(4):65-69.

（金　晶　上海市格致初级中学副校长　教龄31年）

9. 基于学生思维测评的教学改进

课堂教学的变革是课程改革的"最后一公里"，一直以来，我们都将课堂教学改进当成国家课程校本化实施的重要策略，但从当前的学校实际情况来看，我们的课堂教学在落实课程改革的要求上还存在不少问题，突出表现在以下两个方面：

一是课堂教学改进不够聚焦，不能满足素养培养的需要。当前，我们的课堂还存在重技能、轻思维的状况，在思维的培养上目标不明，策略缺失，评价缺位。

二是课堂教学改进的科学性亟须加强。从学校的实际情况来看，成熟期教师占比很大，他们的教育教学经验丰富，但在经验惯性的影响下，很少运用科学的方法来评估课堂教学的效果，因此在进行课堂教学改进时，科学性明显不足。

鉴于上述问题，我们开展了本项目研究，以培育学生思维为指向，以课堂教学改进为突破口，运用科学的方法评估课堂教学和学生思维，构建整体推进学校课堂教学改进的实施系统，从而提升课堂教学的整体效益，发展学生思维。

一、研究的基本思路

（一）概念界定

学生思维的测评是指在学科教学中运用合适的测评工具，在系统、科学、全面地搜集、整理、处理和分析学生在学科学习中的各种信息的基础上，对学生的思维能力做出判断的过程，从而为改进课堂教学提供科学的依据和建议。

关键数据是指在教学过程中，能反映课堂教学诸多要素水平或程度的数据，既包括学生学习行为、思维状况、学习效果等方面，也包括教师课堂行为及其效果，还包括课堂教学水平。

教学改进是指基于现状的理性思考，对教学活动中的相关因素进行调整、改革，以期提高教学效益的活动。

（二）基本观点

第一，基于学生思维测评的教学改进，是指向学生素养培养的课堂教学改进。本研究以思维培育为目标，以测评为抓手，力求摆脱传统上过于依赖感性经验进行教学改进的状况，寻求科学改进教学的突破口。

第二，基于学生思维测评的教学改进是需要协同推进的一个系统，包括教学管理的改进、研修方式的改进、课堂教学的改进等方面，目的在于形成基于数据的连环跟进的课堂教学改进循环提升系统。

第三，基于学生思维测评的教学改进需要搭建支架，开发工具。研究中需要建立思维的测评框架，并开发有关的支架和工具，然后应用这些支架和工具实施教学改进，通过教学活动激发学生的思维，在课堂上发展学生思维。

二、转化支架与工具

支架与工具主要用于引导教师开展研究，是理论和实践之间的桥梁。我们在"如何进行科学测评""如何进行教学改进""如何开展研究"这些核心问题上开发支架和工具，以促进研究目标的达成。

（一）思维测评框架与工具

我们建立并完善了校本思维测评的框架，通过开发思维测评问卷，对学生的思维状况进行科学测评，形成评估报告，为教学改进提出建议；同时，结合具体学科，根据教学内容明确学科思维培养目标，设计测评工具，提升教学改进的科学性。

1. 思维测评框架

在理论研究的基础上，自下而上地梳理各学科各年级的学科思维能力测评点，明确思维能力的具体表征，形成思维测评框架，确定学科思维培养目标。自编小学生思维评估问卷，通过测评，形成测评报告，并提出教学改进的建议。

2. 过程性测评框架与工具

过程性测评是教学改进的关键。我们聚焦教学五环节，形成了指向日常教学的测评框架，引导教师在日常教学中获取关键数据。

3. 学科思维测评工具

我们还结合具体学科开展测评，对教学中思维目标的落实情况进行测评，形成了具有校本特色的测评工具。

（二）教学改进的支架与工具

教学改进是一项系统性工程，在具体改进的过程中需运用必要的支架和工具来落实改进的要求。

1.《学科教学手册》

我们运用《学科教学手册》的思路和方法,将思维培养目标细化到学科内容中,引导教师从本学科的特点出发,聚焦学科思维,从单元整体设计的视角出发,确立学期和单元思维培养目标,重点落实单元与课时教学的设计与评价。

2. 课堂观测工具

我们重新设计了课堂观测量表,将教学改进的要求融入到课堂观测的维度之中,以改进课堂评价。同时有效引导教师进行科学观测,为研修活动提供支架,促进指向思维发展的教学改进不断深入。

(三) 发展思维的支架与工具

思维工具是课堂教学中有利于培养学生思维能力的载体,在教学改进的过程中,思维工具的开发与运用也是我们在研究中着力突破的方面。

1. 图表

图表是一种将学生思维可视化的工具,在教学中可恰当地运用图表来帮助学生建立概念,理清事物之间的联系,从而提升学生的思维能力。

2. 思维导图

思维导图又叫心智导图,是表达发散性思维的工具,是一种将思维形象化的方法。在教学中,我们运用思维导图来帮助学生理解教学内容,引导学生运用思维导图进行表达,发展学生思维。

3. 故事地图

故事地图即 Story-Map,是指教师在教学中根据教学内容的故事情节将知识点串联起来,形成一个类似地图的分析思路,有助于学生逻辑思维及总结归纳能力的形成,主要适用于小学高年级。

4. 板书

板书也是一种有助于思维可视化的工具。板书在各科的教学中都有广泛的运用，教师运用板书可以培养学生的思维能力。

三、基于学生思维测评的教学改进路径与策略

（一）注重测评连续性和阶段性，科学把握学生思维的发展趋势和动态

改进教学的目的是促进学生思维发展，测评是为了提升教学改进的科学性，引导教师摆脱根据感性经验来处理教学问题的现状，对课堂教学和学生思维发展进行精准判断。在研究初期，我们根据校本思维测评的框架，自编评估问卷，组织测评，形成了测评报告，提出了教学改进的建议。

过程性测评是教学改进的关键，在实践中，我们聚焦教学全程，引导教师们从日常教学中收集数据，着重关注日常教学中的关键数据，发现数据背后的意义，培养教师的数据意识，让数据成为教师课堂改进的依据，使得我们的课堂改进更科学。通过关键数据的采集，教师在行动中不断提升自己的认识，在不断改进教学的过程中发展学生思维。

如在英语学科四年级下册"M4U3 The ugly duckling"的教学中，为检测KWL阅读策略对学生的发散性思维及逻辑性思维发展的作用，教师开发了测评工具，围绕合理想象与道德认知，设计了这样的题目："The ugly duckling becomes a swan. Now, he sees the three ducklings again. You think he ……"并进行了两次测评。如表1所示，前测选D选项的比例为52.94%，后测选D选项的比例为67.65%，比前测高14.71个百分点，体现了学生在合理想象与道德认知上的发展。课前、课后的思维测评，使得抽象的思维可视化，对精准把握思维发展趋势和动态有着重要的意义，为科学地进行教学改进提供了支持。

表 1　英语学科教学改进示例

选　项	前测			后测		
	4/5 班	5/4 班	小计	4/5 班	5/4 班	小计
A. laughs at(嘲笑) them.	17.65	7.50	12.16	5.88	5.00	5.41
B. swims away quickly.	2.94	5.00	4.05	8.82	10.00	9.46
C. says"hello" and swims away.	26.47	27.50	27.03	17.65	17.50	17.57
D. plays with them.	52.94	60.00	56.76	67.65	67.50	67.57

此外,我们还改进了课堂观测量表,引导教师运用课堂观察工具去观测课堂,提倡选择一个维度进行观察,科学地观察课堂教学,提升研修活动的针对性。

(二) 积极创设问题情境,在问题解决中提升思维水平

在研究初期的评估中,我们发现情境性、应用性题目的正确率和得分率偏低,而情境性弱的题目的得分偏高(见表 2),这说明学生将知识运用到实际问题解决中的能力偏低。在教学中,我们应该通过大情境任务,把教学内容"设计"到学生的真实生活中去,引导学生将所学内容与生活实际相结合,真正做到学以致用。

表 2　部分题目的情境性分类

思维类型	情境性强	情境性弱
形象与空间	A5 家的位置题目(9.7%)	A4 诗句情绪(83.3%)
类比与对比	B2 对比电子阅读和纸质阅读题目	B3;B4 题正确率高
概括与归纳		C2 写题目
逻辑与推理	D5 瓷砖题	D2 排序题
批判与创新	E4 量水题	

在数学学科"正方体的展开图"一课的教学中,教师创设了一个真实的问题情

境，即帮助小丁丁完成毕业礼品正方体纸盒的制作。学生在教师的指导下开始操作，探究正方体展开图的规律。他们运用已有的知识，发挥空间想象能力和创新思维，归纳出正方体展开图的形成规律。在这样的过程中，教师引发学生争议、讨论，使其经历了比较高阶的认知过程。随后，教师又提出"哪些情况下无法拼成正方体"这个反向问题，引导学生总结反思，培养学生思维的批判性。

在研究实践中，我们发现在课堂这个有限的时空里，不管是哪门学科，都需要教师思考哪些核心的概念和能力是须着重学习的，从而创设合理的问题情境，搭建学习支架，促使学生在问题解决中理解掌握知识，发展思维。

（三）提供思维支架，为发展思维提供阶梯

布鲁纳曾在"支架"理论中指出："学生不是被动的知识接受者，而是积极的信息加工者。"在学生迈向更高的台阶时，他们的思维非常活跃，同时也得到了极大的锻炼。如果能把"支架"理论和学科思维结合起来，就会收到很好的效果。在教学中，我们可以运用图表、故事地图、思维导图、板书等支架来引导学生参与挑战性的学习活动，发展学生的思维。

在语文学科"蝙蝠和雷达"一课的教学中，其重难点是详细复述课文。为了突破难点，课堂上教师设置了挑战性问题："如果你是科学家，你会如何介绍自己的三次试验？"为了解决这个问题，教师为学生搭建了学习支架——预学单（见表3），引导学生通过预习提取关键信息。课堂上围绕"什么是关键信息"展开了争论，生生之间的思维相互碰撞，对什么是关键信息有了更加深刻的认识，提升了概括能力。随后，教师指导学生依据表格，分小组复述试验过程。整堂课上，教师借助预学单，以图表为工具，引导学生经历了一个"从文本出发，借助工具提炼信息，再利用工具复述课文"的过程，从而体会到文章内在的逻辑联系、详略上的精妙以及语言的精准。

表3　语文学科《蝙蝠和雷达》一文的预学单

科学家的三次试验			
试验条件			
试验情况	1		结果：
	2		结果：
	3		结果：
试验结论			

我们在各个学科中都会有效运用"支架"，使学生课堂上的思维充分调动起来，在完成挑战性任务的过程中发展思维。

(四) 注重思维空间的开放性，培养学生热爱思考的品质

小学生正处于思维快速发展的阶段，所以培养他们热爱思考的品质显得尤为重要。但我们的课堂上，还存在"不敢放""不愿放"的现象，在教师的"主导"下，学生亦步亦趋，往往处于被动的状态，思维没有被真正激发出来。

正是基于这样的思考，我们一边建设学校的文化环境，一边引导教师在教学中鼓励和支持学生积极思考问题，在教学中发展学生的思维。我们重新设计了课堂观测量表，把"营造民主、平等、互动、开放的学习气氛""设计挑战性、真实性的学习任务""课堂评价体现针对性、发展性、准确性和启发性"等方面作为观察的重要指标，引导教师不断改进教学，提升课堂的效益。在观课评课中，我们改变以往过多关注教师的"教"的状况，将学生置于观测的"中心"：从学生的眼神、表情、动作来观察学生是否学会了倾听他人的发言，尊重他人的意见；深入学习小组，观察学生之间是否有较长时间的实质性交流；倾听学生的发言，观察学生是否能包容同伴的差异，是否敢于表达真实想法，生生之间是否出现互相质疑、互相提问、互相建议的现象……这些观测指标对课堂文化的创建有着重要的作用，引导教师们从对"教"的关注转移到对学生"学"的关注，提升课堂思维空间的开放性，让课堂真正成为学生思维生长的地方。

（五）注重过程中的自我反思，培养学生的元认知

在思维评估中，我们发现对于同一知识点，学生在情境性强的题目上的得分显著偏低，其中原因可能是教学中教师过分强调知识的掌握，忽略了对学生的思维训练。教师往往采取比较简单的方式来进行知识的讲解或者练习，学生则被动接受，缺少过程性的反思，对知识缺少深刻的理解，这样获得的知识很难被迁移到真实的情境中。正是基于这样的思考，我们在课堂教学实践中加强了过程中的自我反思，在反思中促进学生对知识的深刻理解，发展学生的思维。

如在语文学科教学中，概括能力的培养一直是难点，在以往的教学中教师过分强调技能、方法，而忽视了概括背后的思维过程。要发展学生的思维，必须设计出有助于引起学生反思的学习活动，让学生在不断反思中发展思维。在《五彩池》一文的教学中，学习活动的核心任务是以小导游的身份向游客介绍五彩池，它包含了几个小的学习任务，分步实施，层层推进：（1）学生运用已有的知识，即抓概括句的方法概括第二节；（2）概括第三节，引导学生思考，使其意识到当文本包含多方面内容时要先分层再概括；（3）用50字来概括第三节，用限制字数的方式，帮助学生学会分清主次，更加精准地概括课文内容。在这样的过程中，教师不断地唤醒学生已有的知识，然后又让其去"碰壁"，引发新的思考，最后得出一个新的解决问题的方法。

教学中，教师将过程性的反思蕴含在学习活动中，使学生既有同伴之间的交流与辨析，又有相互的说服与接纳，引导学生敢于质疑，就同一个问题发表不同的看法，在争议中澄清问题。学生一步一步地深入阅读文本，在这个过程中，思维的发展、方法的获得显得自然而有效。我们可以看到，在教授学生语文知识和技能

的时候，教师需要关注的不能仅仅是陈述性知识，更重要的是策略性知识。重要的不仅仅是知识、技能本身，而是学习它们的历程，在学习的过程中使思维能力得到提升。

四、教师研修与实践反思

我们以重点项目的研究为契机，全面推进"教研修"一体化实施，在学校管理、教师教学、学生学习等方面进行整体性的思考，取得了一定成效。我们围绕研究内容，共进行市级研讨活动 2 次，区级学科专题研修活动 5 次，校级学科研修活动 40 多次，校大组研究课 44 节；共形成 4 本"四微"案例集，一门校本培训课程。

教学改进是一项系统工程，要求我们必须将研究活动与日常教学工作结合起来，在学校管理、教研活动、教师教学、学生学习方式等方面进行整体性思考，形成合力，推动课堂变革，促进学生思维发展。

我们首先在学校管理上进行改进，将研究目标融入到教学管理之中，使教学工作聚焦在项目研究上，各个教研组都围绕项目确定学期的研修主题，开展研修活动。我们对教研活动也进行了改进，提出了"四微"的要求：教研活动要有"微主题"，将研究目标转化为教研主题，形成研究与活动的共同愿景；教研活动要有"微设计"，我们聚焦"课堂改进"，将研究内容融入到教研活动之中；教研活动要有"微观测"，要求教师运用课堂观察工具去观测课堂；教研活动之后，要形成"微报告"，我们引导教师对课堂教学进行深度思考，形成案例。"四微"的要求有效提升了教研的品质，也让我们的研究内容落实到了教研组的层面之中，提升了教研的品质。

在研究后期，我们从语、数、英三门学科中各选取一节课，借助课堂观测量表从不同的维度对课堂教学进行了评估。从课堂任务特征上看，三门学科都能聚焦学科思维，从学科教学内容出发，改进教学设计，体现出一定的开放性、挑战性，能够激发学生的相互争议和讨论，引导学生经历比较高阶的认知过程，体现一定的批判性和创造性。从学生的思维发展上看，学生在课堂上都踊跃发言，在有思维力度的问题上，生生之间能出现互相质疑、互相提问、互相建议的现象，从而生成有意义的对话，显著提升了思维活动品质。从教师发展的视角上看，教师对学生的问题解决过程有全局的设计和思考，提问的质量显著提升；在理答时，能够支持和鼓励不同的观点，并很好地利用重复或总结学生发言的方式来引发学生交流或建立学生之间的联系。

　　教学改进是国家课程校本实施的一项重要策略，是一项需要长期跟进的系统工程。三年来，我们取得了一些成效，但与此同时，也发现了一些问题：在科学的测评方面，我们在工具的开发和运用上仍有不足，还需要持续地、不断地在科学改进教学的道路上努力前行；在学生思维发展上，我们还需要进一步聚焦重点，在研究的深度上下功夫；在教学改进中，还需要进一步发挥系统思维，整体推进，促进发展。

参考文献

[1] R. 基思·索耶 . 剑桥科学学习手册[M]. 徐晓东，等，译 . 北京：教育科学出版社，2010.

[2] 约翰·杜威 . 我们怎样思维·经验与教育[M]. 姜文闽，译 . 北京：人民教育出版社，2001.

[3] 胡卫平 . 国外思维培育的理论与实践[J]. 比较教育研究，2004(5)：18 - 23.

[4] 钟志贤 . 教学设计的宗旨：促进学习者高阶能力发展[J]. 电化教育研究，2004(11)：13 - 19.

[5] 黎加厚 . 教育信息化环境中的学生高级思维能力培养[J]. 中国电化教育，2003(9)：59 - 63.

[6] 沈之菲 . 提升学生创新素养的高阶思维教学[J]. 上海教育科研，2011(9)：35 - 38.

[7] 王帅 . 国外高阶思维及其教学方式[J]. 上海教育科研，2011(9)：31 - 34.

（陈　静　上海市徐汇区建襄小学语文教师　教龄 25 年）

10. 构建"幸福课堂"的观察指标体系

教育走向现代化的一个重要体现是"管理"走向现代化。如何实现从"管"到"理"的转变,从少数领导"专权"到全体教师"专业"的转换,从"基于制度底线的作为"到"基于专业发展的突破"的转换? 我校从区课题"构建'幸福课堂'提升学习品质的实践研究"入手,通过研制、使用、优化课堂评价指标,提升课堂教学效益,逐步使教师由单纯的教学者转变成集实践与研究于一身的思考者,从而促进学校管理从以制度管理为中心向以学术文化建设为中心转型,让"管理"推动教育的现代化,使教学管理在研究中不断升级。

一、问题起源:"幸福课堂"的理想与困境

教育,特别是面对青少年的教育,必须让孩子快乐,必须保障孩子体验快乐,必须让孩子具有使自己的未来快乐的能力。当然,如果没有快乐的教师,没有在教育

中发现归属感和成就感的教师，那么学生的快乐也会成为空谈。基于这一理想，基于教育教学中师生被动发展的现状，苏民学校提出了"为了师生的幸福成长"的办学目标。为此，苏民学校重点关注如何建设"幸福课堂"。

什么是"幸福课堂"？苏民学校通过对学生、教师、家长、专家进行调研，从利益相关者和研究者的视角收集了有关"幸福课堂"的要义。从学生视角来看，理想的"幸福课堂"是愉快、轻松的，师生互动性强，教师态度亲切，学生能够得到教师的支持、肯定；从教师视角来看，"幸福课堂"能让学生享受到学习过程的快乐，体验苦尽甘来的过程，品尝学有所成的滋味，最终获得生命成长的幸福；从家长视角来看，"幸福课堂"能激发学生的兴趣，让学生学到知识、获得信心，体会到学习的乐趣；从专家视角来看，"幸福课堂"具有安全与自由、民主与关怀、轻松与愉悦、趣味与美感、自主与挑战、合作与分享、满足与实现等特征。无论哪种角度的理解，"幸福课堂"都是一种既给人愉悦感，也给人一种获得感的课堂。

接下来，更重要的问题摆在学校领导的面前："幸福课堂"的建设，谁来指挥？谁来实践？于是学校召开动员大会，面向中层和教研组长进行工作部署。中层和教研组长们积极行动，召开会议，传达精神，开展活动，全面推行。

通过一年多的研究，学校取得了一定的成效，特别是大家对目前课堂中的"问题"和课堂发展的方向有了新的思考和感悟。但是，问题也很快出现了：第一，忙碌的总是校领导和中层，大部分教师似乎"置身事外"；第二，对课堂建设的研讨常常面面俱到，但对于"幸福课堂"建设的推进效果甚微。

二、评价导向：引领课堂管理逐步升级

（一）从无到有：初建评价指标体系

针对这些问题，学校组织专家和各部门负责人开展进一步研究。大家意识

到：课堂教学管理是教学质量管理的一部分，也是学校教学管理的重要内容。管理的理念和方式没有转变，课堂的理念和方式就不会自动转变。教育管理最重要的不是"安排大家"、"指挥大家"去做，而是激发大家，力量下沉，教师主力，学校助力，大家一起做。

大家一起做什么？在研究"幸福课堂"的过程中，最重要的任务是：将"快乐"和"有效"这两个关键点落实到课堂中。"快乐"和"有效"的具体表现是什么？通过查阅文献、寻求指导、开展研讨，学校形成了课堂观测指标（见表1）。

表1　苏民学校快乐有效课堂教学评价表（试行稿）

班级：　　　　任课教师：　　　　学科：　　　　时间：

一级指标		二级指标	评价等级		
			得分		
有效（教师的教）70分	1	正确体现三维目标，侧重点明确	7	6	5
	2	内容呈现正确有序，符合学生实际	7	6	5
	3	练习设计有针对性，注重规律与方法	7	6	5
	4	合理安排教与学的时间，体现学生主体	7	6	5
	5	适时指导和点拨，激发学生思维	7	6	5
	6	活动设计层层递进，兼顾不同层次的学生	7	6	5
	7	组织学习活动有效，激发学生兴趣	7	6	5
	8	注重学习习惯养成，教学语言规范	7	6	5
	9	资源技术适时有效，教学手段多样化	7	6	5
	10	能认真倾听，及时评价，注重激励	7	6	5
快乐（学生的学）30分	1	学生能积极主动地学习，参与度高	6	5	4
	2	学生能积极思考与质疑，思维活跃	6	5	4
	3	不同层次的学生都有成功的体验	6	5	4
	4	学生有展示和评价的机会	6	5	4
	5	掌握基本知识与技能，当堂检测达标率高	6	5	4
总分		等第	评价人		

学校把"幸福课堂"的评价维度分为"学的维度"和"教的维度"。学的维度是指：学习过程中，学生学习兴趣浓，主动性强，积极性高；学习方式多样化，学生的自主学习、合作学习、探究学习真实发生；学生有充分的空间，能全面而有深度地体验到学习的乐趣。教的维度是指：教师要真正成为"学生学习的引路人、合作者"；要更多地从课堂讲授中挣脱出来，与学生一起构建学习的共同体；通过学习组织、学习指导、学习反馈等，以"导"的方式辅助学生学习，促进学生能动且有效地学习；教学强调针对性、分层性、精练性，教会学生学习的方法和技巧；在多样化地组织学习过程中，解决学生的困惑，让学生获得知识、体验和经历。

经过实践，教师们发现，这个 1.0 版本的评价体系，在理论上讲得通，但在实践操作中，除了不容易分清哪些情景指向"快乐"，哪些情景指向"有效"之外，更重要的是，这种把"学"与"教"割裂开来的做法很不科学。比如，通过将生活情景引入课堂，同学们感兴趣了，学得就投入了，这既体现了"教得有效"，也体现了"学得快乐"。再比如，组织学生合作学习，引导他们讨论、辩论，再由教师通过答疑解惑，使学生获取胜利成果，在此过程中教师组织得有效，学生学得快乐，这也是教学活动评价中的"有效"。因此，学校的评价表为何不将"有效"与"快乐"融合起来呢？

评价指标体系 1.0 版使原来的课堂评价从空谈好差到有依有据，实现了教学管理从无"状"到有"型"。"评价"撬起了学校"幸福课堂"的管理杠杆，这激发了学校进一步投入指标体系研究的热情，将"管理"层级下放到了教师层面。

但是，问题也很明显：（1）管理理念上，没有认识到应该要将"管理"的外延拓展到教学与教学组织的细节上，渗透到全体师生和教与学全过程；（2）管理过程上，"管理"的目标意识仍显不足，对过程与目标的融通性思考不足。归根到底，管理观念与模式仍然是"自上而下"的"下放型"，而不是"能量传道"的"自主型"。

(二) 全员参与,优化评价指标

为了解决问题,学校组织教师们查阅大量文献。崔允漷教授将课堂观察维度划分为"教学方式"、"课堂文化"、"课堂学习"。"教学方式"包含生动讲解、有效指导等,是将有效、快乐体现在教师教学中;"课堂文化"包含合理设计、丰富资源等,是将有效、快乐体现在教师和学生的交流互动中;"课堂学习"包含专注倾听、积极互动等,是将有效、快乐体现在学生学习中。受此启发,大家集思广益,一起动手,将这三个方面定为评价的一级维度,把"快乐"和"有效"融入到这三方面中,形成课堂观测指标 2.0 版本:在原有指标基础上,将"快乐"与"有效"融合起来,不再分割开,且对每一条指标的具体内容进行了再推敲,使语言表达更精炼,内容呈现更合理,逻辑关系更严谨,评价范围更全面,尽力做到"面面俱到"。学校全体教师都参与到了指标的研读、研改、研写的过程中……

(三) 走向自觉,完善评价指标体系

基于前期反思,学校又开始了两个方向的研究:一为评价平台;一为指标细化。

1. 评价工具研发——微信小程序

随着网络时代的不断发展,微信小程序越来越被人们所接受与应用。于是学校利用这一趋势,开始研发评价工具。在大家的不断努力下,有了以下成果。

通过基于 iPad 的课堂即时记录和评价小程序,观察员对课堂中教师、学生等单次行为进行过程性记录(即行为出现一次,便及时进行记录),并依据积累的数据进行综合分析,诊断课堂品质。具体来说,学校拟完成以下行为的记录与评价(见表 2、表 3)。

表 2 基于小程序记录和评价课堂品质的内容与维度

对象	行为	行为判断	行为质量
学生	回答问题	主动、被动	高、一般、低
	提问请求	主动、被动	高、一般、低
	同伴讨论	主动、被动	高、一般、低
	……		
教师	提问练习	—	高、一般、低
	小组任务	—	高、一般、低
	个别指导	—	高、一般、低
	……		

表 3 基于小程序记录和评价思维品质的内容示例

课堂环节	评估对象	思维品质	检测点	评分
教学内容	教师	灵活	能借助丰富的教学资源对学生进行教学	1—10 分
		独创	教学内容不拘泥于教材，有许多新颖的教学点子	1—10 分
		……	……	
教学过程	教师	灵活	会采取小组活动、探究等多样化的方式上课	1—10 分
		批判	在课堂上会让学生之间互相点评	1—10 分
	学生	敏捷	在教师提出问题后，能够快速举手回答问题	1—10 分
		深刻	对同学的发言能够进行准确的补充	1—10 分
		……	……	
……		……	……	

此外，还有基于 APP 和网页的工具。APP 评估端的功能有：登录——填写

评价信息;进行评价——通过课堂观察进行记录。网页管理端的功能有:指标库管理;评价管理;生成报告。

在评价工具研发过程中,教师们交流使用心得,交换改进思路。在一次次的尝试过程中,教师们组成了研究团队,构建了学习的共同体。同时在使用小程序过程中,大家彼此评课打分,提出宝贵的教学建议,一边向上课老师反馈听课内容,一边向研发部门反馈工具使用情况,真正成了教学的管理者。这种站在主动地位的教师行为正是当下教育教学所需要的。

2. 评价指标再研发——二级维度

通过汲取前两个版本的优势,我们形成了评价指标 3.0 版本,将"有效"和"快乐"作为一级维度,并在"有效"和"快乐"维度中同时体现教师教学和学生学习两方面。学校一边梳理苏民学校"幸福课堂"指标设计的理论基础,一边探索"有效"与"快乐"一级维度下的细化指标。"有效"指向的是"幸福课堂"的结果,旨在促进学生的发展,尤其是学生心理能力的发展。通过理论梳理,学校认为提升学生的思维品质是构建"有效"课堂的关键因素。北京师范大学的林崇德教授认为通过对学生思维品质的培养和训练,能够帮助学生在质疑、思考、分享、碰撞中思索问题,积极地、主动地、广泛地获取知识与信息。思维是智力和能力的核心成分,思维品质的发展是智力和能力发展的重要体现,通过知识传授这一"中介",让学生在教师的引导下掌握知识、形成技能、发展智力、培养能力,最终达到全面发展。思维品质包含了思维的敏捷性、灵活性、独创性、批判性和深刻性五个方面。基于此,学校将敏捷、灵活、独创、批判和深刻作为一级指标"有效"下的五个二级维度。而"快乐"是"幸福课堂"的过程性体验,它包含了四层含义:

第一,快乐是一种轻松的课堂氛围。轻松的课堂氛围是"快乐"的基础,能让师生在课堂上产生愉悦的心理体验。课堂承载着师生的生命律动,让课堂洋溢着轻松与快乐、愉悦与舒畅的气氛,应该成为师生共同追求的目标。

第二,快乐是一种投入的学习状态。在轻松的课堂氛围中,学生能对课堂教学内容感兴趣,能够投入到课堂学习中。

第三,快乐是学习过程中的合作与分享。学生不仅作为个人投入到学习中,而且能作为集体的一员在小组合作中积极主动地参与讨论,乐于将自己的想法分享给大家。

第四,快乐是一种自我价值的满足与实现。马斯洛需求层次理论认为自我实现的需要是最高层次的需要。从课堂上来说,这种自我实现意味着学生在课堂上较好地发挥了自己的创造潜能,课堂学习过程是充实的、快乐的、成功的。

因此,学校认为一级指标"快乐"维度包含了轻松、投入、合作和满足四个二级维度。

表 4 展示了学校"幸福课堂"观察指标框架。

表 4 "幸福课堂"观察指标框架

一级维度	二级维度	内涵描述	对象	教学环节			
				目标	内容	过程	评价
A1 有效	B1 敏捷	指思维活动的速度呈现为一种正确而迅速的特征,它反映了智力的敏锐程度。	教师	有目的地培养学生思维的敏捷性。	能设计激发学生快速思考的教学活动。	/	把学生思维的敏捷性作为教学评价指标,鼓励学生又快又好地解决问题。
			学生	/	/	上课时能够紧跟老师的思路,并对老师的学习要求迅速做出反应。	/

（续表）

一级维度	二级维度	内涵描述	对象	教学环节			
				目标	内容	过程	评价
	B2 灵活	指思维活动的灵活性，表现为方向灵活、过程灵活、结果灵活、迁移能力强等。	教师	有目的地培养学生思维的灵活性。	给学生提供各种学习情境，让学生能多角度思考问题。	教学方法多样，课堂有交流、有分享。	把学生思维的灵活性作为教学评价指标，能指导学生换个角度看问题。
			学生	/	/	能用多种方法解决问题。	/
	B3 独创	指个体思维活动的创新精神或创造性特征。	教师	有目的地培养学生思维的创造性。	有开放性的预设，及时捕捉教学过程中衍生出来的学习资源。	调动学生创造的积极性，给学生留有思考的余地。	把学生思维的独创性作为教学评价指标，给学生留有思考的余地，能正向评价学生的新想法。
			学生	/	/	能提出与他人不同的观点和办法。	/
	B4 批判	指思维活动中独立分析和批判的程度，是思维活动中善于严格估计思维材料和精细地检查思维过程的智力品质。	教师	有目的地培养学生思维的批判性。	给学生提供能够培养批判性思维的学习情境。	给学生留有思考的余地，引导学生质疑问难。	把学生思维的批判性作为教学评价指标，教学评价反馈及时，给予改进学习的机会。

（续表）

一级维度	二级维度	内涵描述	对象	教学环节			
				目标	内容	过程	评价
			学生	/	/	能够自我反思，敢于质疑别人。	/
	B5 深刻	指思维活动的广度、深度和难度，表现为深入思考、善于概括归类、逻辑抽象性强等。	教师	有目的地培养学生思维的深刻性。	定位学生最近发展区，设计对学生有一定挑战的活动。	有开放性的预设，给学生留有思考的余地。	把学生思维的深刻性作为教学评价指标，教学评价方式多元，让学生能够全面深入地认识自我。
			学生	/	/	能深入思考学习内容，回答问题逻辑性强、有深度。	/
A2 快乐	B6 轻松	轻松的课堂氛围，能够体现平等、关怀、自主等。	教师	/	/	关爱学生，平等对待每个学生，给予学生自主学习的机会，乐于与学生交流互动。	/
			学生	/	/	课堂学习状态轻松，没有过大压力。	/

（续表）

一级维度	二级维度	内涵描述	对象	教学环节			
				目标	内容	过程	评价
	B7 投入	学生对课堂教学内容感兴趣,能够投入到课堂学习中。	学生	/	/	上课认真,积极思考问题,有持续的学习兴趣。	/
	B8 合作	学生在课堂学习中能够与他人进行合作。	学生	/	/	能够在课堂上与他人进行合作。	/
	B9 满足	学生在课堂学习中能够获得满足感和成就感。	学生	/	/	能够在课堂上获得成就感。	/

评价指标 2.0 版的优点在于体现了"教"和"学"的融合,关注了教师的教和学生的学之间的互动。学校通过不同学科征询、同学科组内研讨、不同学科交流等方式,研究指标的合理性和科学性。教学管理从原来的有"型"又走向了教师教学管理的自觉,实现了学校教学管理的进步。

在研制评价指标 3.0 版的过程中,教师间互相交流、探讨的氛围更加浓烈,频次也更加地频繁。教师们乃至学生们成为课堂的管理者,"左右"着学校课堂评价指标的制定和使用。而学校的管理者,即教导主任、教研组长等,逐步转型为管理的专业人员,他们通过学校教学管理的目标、策略、成效等方面的思考与实践,能从更高、更远的视角发现问题,解决问题。

三、"评价指标"激活课堂管理的三重效应

在搭建了"幸福课堂"观察指标框架后，经过多次研讨，学校设计了每个维度下具体的检测点，形成了"幸福课堂"观察指标。全体数学教研组教师首先开展了研究活动，结合数学课堂的特点确定了适合数学课堂使用的数学学科课堂观察指标。

在首次课堂观察和研讨活动中，全体数学教研组教师在金婉老师执教的数学公开课上，利用观察量表对"幸福课堂"进行了量化观察和评价。利用纸质版的指标工具，教师们基于有效和快乐两个维度、教师和学生两个视角下的所有观测点，对课堂进行打分并给出建议和评价，这也为以后基于小程序的课堂观察提供了研究样本。在公开课后的研讨过程中，大家结合金婉老师的这堂课，讨论了中学数学观察指标的适用性，同时教师们发现要想在一节课中观测到所有指标是非常不现实的。经过讨论，学校决定将每节课的观察指标减少到 10 条，并且教师们在观察的过程中可以深入每个学习小组，近距离地观察每个学生的表现。

接着，学校再度深入课堂观察，用课堂观察的小程序对蔡嫒嫒老师执教的数学公开课进行了量化观察和评价。课前，学校根据蔡嫒嫒老师提供的教案，在所有观察指标里选取了 10 条观察指标。课后，全体数学教研组教师、"幸福课堂"研究项目中学部组员对这节课进行了研讨。在研讨中，教师们建议可以在课前对观察指标的设定进行集中讨论，随后再进行课堂观察；同时，还对每个指标具体"怎么评"进行了讨论，教师们一致认为采用打分、图片与评语相结合的方式对每条指标进行评价，更加有助于上课的教师找到本节课教学中的优势与不足。

有了前两次的实践，学校为优化课堂观察评价进行了第三次课堂观察与课例研究工作，用课堂观察的小程序对吕龙老师执教的数学公开课进行了量化观察和

评价。课前,吕龙老师首先对本节课的教学目标、内容进行了简单的介绍,随后教师们围绕具体教案,挑选了深刻、批判两个二级维度下的 4 条最适合本次课堂观察的指标。在课堂观察过程中,每位教师选择一个学习小组,坐到学生中间,近距离地观察每个学生的表现。听课教师定点定位,对每一个指标进行打分并配上上课时的图片,同时给出具体建议和改进意见,进一步明晰了"幸福课堂"的构建路径。

在三次课堂观察研讨活动中,学校采用了不同的形式进行尝试和改进。通过实践,学校也对"幸福课堂"的理念理解得更加深刻了。有了数学组的实践经验,接下来学校科研室继续结合语文、英语等学科特点,制定出适合各学科的观察量表来对"幸福课堂"进行量化观察和评价,在针对如何筛选指标、选择针对性指标、统一指标维度、权重指标分值等方面有了较大收获。

学校在语文和英语学科的研讨课中,深入推进基于课堂观察量表进行课堂评价的研究工作。教师们坐到学生小组中间,利用课堂观察小程序分别对刘静和肖植桑两位老师执教的语文课和英语课进行了量化观察和评价。之后,大家根据小程序收集的观察数据,开展了激烈的研讨交流。参与课堂观察的教师们对于这些教学研讨活动给予了充分肯定,大家一致认为将针对性强的评价指标与近距离观察结合起来,用小程序即时记录观察结果,可以更加优化课堂观察与评价,更好地通过课例研究找到短板,优化课堂,提高学生的学习品质。

评价指标体系三个版本的实践研究,体现了教师成为自主的教学管理者的过程,更是学校管理者成为专业人员的过程。研究促进了课堂教学的优化,规范了学校的课堂教学管理,统一了评价的工具,丰富了评价的内涵,提高了全体教师的教研水平及学校的课堂品质。这种探索追寻着时代发展的步伐,响应着信息时代的发展趋势,贴合着教师专业发展的需求,提高了学生的学习品质,也提升着学校办学的文化。

四、反思：确保"幸福课堂"教学管理的飞跃

传统的评价方式已经不能满足信息化时代的发展需求。传统的纸质化观察工具在评价与交流方面都有一定的局限性，而信息化的评价工具能够实时捕捉课堂场景，在评价完成后迅速将结果分享给授课老师和听课老师。学校采用的微信小程序，集听评课通知、评价记录、结果反馈等功能于一体，方便了听课老师随时随地地进行评价。课前，相关课程负责人设置好任务，这些评课任务会被自动发放到相关听课老师的微信小程序任务栏中，听课老师及时获取课堂开放信息，参与听评课活动。课中，听课老师能通过拍照及时捕捉课堂瞬间，记录当下感受，给出针对性评价，并对具体指标给出一个综合性的评分。此时，若有其他老师要临时加入，也可以通过扫描二维码的方式参与进来，对课堂进行观察评价。课后，及时统计汇总评价结果，并反馈至授课老师与听课老师处，助力教研与反思的开展，全面提升听评课的有效性。

传统的课堂评价强调教师教学能力的发挥而忽视学生学习的过程，且大多数学校的课堂评价指标都是各学科通用的。如何结合各学科的特点建立起同时针对教师和学生的新的课堂观察评价体系，并以此为基础，探索更有效的评价指标，更好地开展评价，提高课堂教学整体质量，显得越来越重要。

在实践过程中，教师们还发现了一些问题，如细化指标过多，某种程度上给评课教师在操作上带来了不便，需要任务发布者在课前进行耐心细致的指导；课堂教学各环节之间没有明显分界点，比如教学内容中也提到了教学方法等，这是由于各教学环节之间是不可分割的，是一个整体；有些标准较为模糊，比如敏捷维度中"老师提出问题后，学生能够快速举手回答问题"，对"快速举手"这一标准不同的教师有不同的理解，这给课堂评价工作带来了困难。更重要的一点是，各位专

家在研究学校的指标内容与维度后提出了不同的质疑：是不是只有这些维度？选几个维度比较好？这些指标是否符合学生心理发展的特点？是否符合教育教学规律？所以学校也正在积极地筹备着"幸福课堂"指标体系 4.0 版。此外，小程序的评价数据如何更切实合理地反映教师教学的能力并指导他们改进与成长？这些都将是学校在以后的教学研究与工作中要进一步思考和研究的。

　　苏民学校"幸福课堂"观察指标维度框架的建立，加强了学生主体地位，将教师和学生转变为教学评价的主体，成为课堂管理、教学管理的主体。但是体现主体性的策略还有待进一步探索，主体性的成效与信息化平台进一步对接的问题还需要深入探讨。但是我们相信，只要坚持"人人都是管理者"的理念，坚持"幸福课堂"的建设目标，坚持文化育人、研究育人，苏民的学校教学管理一定能不断向未来升级。

（陈丽雅　上海市嘉定区苏民学校数学教师　教龄 24 年）

11.　核心素养视域下的化学课堂过程性评价

评价现代化是教育教学现代化的重要标志之一。虽然评价多元化的理念已经渐入人心，但受到传统评价理念的禁锢，学习目标的设定、学习内容的选择、学习任务的设计、学习方式的优化与教学评价无法实现动态平衡，师生的潜力无法得到全面开发。澳大利亚学者比格斯在他的学习过程理论中提出，学生的学习兴趣、学习方式是影响学习结果的重要因素，评价不仅要关注学习效果，还要关注学习的情态动机和方式过程。[1]因此，过程性评价的研究与实施至关重要。

一、核心素养视域下对化学课堂过程性评价的认识

党的十九大明确提出"要全面贯彻党的教育方针，落实立德树人的根本任务"，发展学生的核心素养是党的教育方针的具体化、细化。[2]核心素养培养的主体是学生，载体是学科知识，路径是教学活动，保障是教学评价。因此，化学课堂

过程性评价是促使化学学科核心素养实现"软着陆"的根本保障。

法国政治家埃德加·富尔在《学会生存》一书中指出：未来的文盲不是不识字的人，而是没有学会怎样学习的人。[3]评价能力是师生学习能力的重要体现，是实现教与学动态平衡和发展的"润滑剂"。过程性评价注重化学学科思维的培养，瞄准学生核心知识和核心能力的建构过程，培养学生实际问题的解决能力，进而促进化学学科思维能力和思维方法的形成。

化学学科核心素养源于化学学科知识，化学学科教学深受化学学科观念的影响，而化学学科观念的核心是化学学科思维，过程性评价在"学科知识""学科观念"和"学科思维"三个结构体系方面发挥着整合作用，有助于化学学科观念的渗透和提炼，以使学生具备适应终身发展和社会发展需要的必备品格和关键能力。[4]具体可以用图 1 来解释呈现。

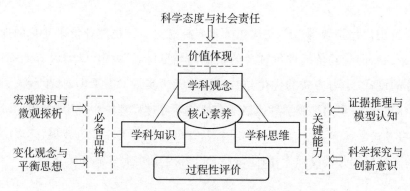

图 1　过程性评价促进核心素养形成

要实现学习内容和学习方式上的实质性变革，必然要强化评价的诊断功能和发展功能，追求评价方式、评价主体的多元化，激发学生学习的主动性和自信心，以确保教学目标的完成。在相应的教学节点开展过程性评价，并通过事件分析，以揭示该事件哪里需要修改，改进方案并加以实施，之后再对实施方案进行评价、修改，体现为"评价→反馈→反思→改进→提升"的持续性学习过程,强化自主学习,促进改善创新,创造价值成果,解决实际问题。传统的教学状态是:在课时不足和教学内容过多的双重压力下,教学过程中通常只重视终结性评价,导致学生只"知其然"。而核心素养视域下的教学过程更强调"知其所以然"的过程性评价。在此背景下,我们以高三化学复习课"结晶"为例,说明化学课堂教学中过程性评价的具体操作,使学生不但"知其然",更"知其所以然"。

二、基于过程性评价模型的学生认知发展路径

瑞士心理学家皮亚杰认为:"学生的认知发展必须先于教学,只有当学生处于特定的阶段才能掌握某些概念。"可见,基于学生认知结构的认知发展会影响学生的学习行为和学习效果,是影响学习成功的关键因素之一。一堂好课要具备真实的学习过程和科学的学习方法,要促进化学学科思想方法的渗透和提炼,这就要求在课堂教学中进行评价时必须有学生直接参与,注重学科逻辑的严谨性、科学方法的指导性、认知规律的梯度性以及内容安排的层次性,[5]以强化新旧知识的相互作用,着力于促进学生的认知发展。具体可以通过如图 2 所示的路径实现。

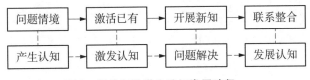

图 2　评价促进学生认知发展路径

【教学任务 1】

情境创设:教师提出问题:图 3 显示了 KNO_3 的溶解度随温度变化的曲线,从处于不饱和区(如 a 点)的溶液中获得 KNO_3 晶体的方法有哪些?

活动组织：将全班学生分为 6 个组，每组选出一位表达能力较强的同学作为小组长，各组讨论后由 1、2、3 组组长负责汇报，汇报时要说明方案和依据。另外 3 个小组组长负责评价，评价可以从每个方案的优缺点方面展开。

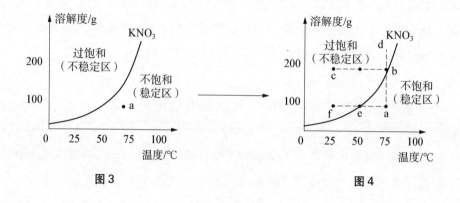

图3　　　　　　　　　　　　　图4

小组活动中，学生展开充分的分析、讨论，大约 3 分钟，每个小组有人负责记录。

最先举手的学生 A：因为从不饱和溶液到饱和溶液，一种方法是加入溶质，一种方法是蒸发溶剂，所以可以在 a 点对应的温度下蒸发浓缩至过饱和区域结晶。

学生 B 马上针锋相对：蒸发溶剂速度较快，但缺点是需要消耗过多的能量，且获得晶体的产量不多。

学生 C 提出不同意见：要获得晶体，还可以采用降低温度的方法，可以将 a 点对应的溶液降温至过饱和区域结晶。

学生 D 反驳：这个方案的优点是耗能小，但获得晶体的产量少。

学生 E 提出改进方案：综合 A 和 C 的分析，可以先将 a 点对应的溶液蒸发浓缩至饱和状态，然后再降温结晶。

经过一番唇枪舌战之后，学生 F 总结：温度较高时蒸发浓缩的速度较快，再降温结晶获得晶体的产量较大。从能耗和产量的角度综合考虑，这个方案是最优化的。

教学与评价融合：教师整合学生评价和教师评价，持续跟踪教学动态，配合学生提出的方案做如图 4 所示的总结，实现评价的促学功能。

从这个教学任务的实施中，我们可以看出，教师从学生已有知识出发，借助真实的问题情境，不断激发学生的认知冲突，使其获得新知识，实现了学生的认知发展。

三、基于过程性评价模型的学生思维发展路径

使学生"本真思维"充分展现、"精彩观念"不断呈现是教学的最高境界。学习的核心是思维的参与，科学家伽利略说过："科学的发展是在不断改变思维角度的探索中前进的。"站在化学学科素养的角度，应从培养学生终身发展的高度出发，有理有据、条理分明、层次清晰、前后连贯，发展学生进一步探索新事物和新变化规律的方法、思路，强化学生的思维。余文森博士在《核心素养导向的课堂教学》一书中，从学科角度、知识角度和学生角度提出课堂教学评价的特征与要求（见表1），提出要强化逻辑能力，实现深度学习，落脚点为发展学生的高阶思维。

表 1　高阶思维的发展角度与过程性评价的特征、要求

发展角度	过程性评价的特征	过程性评价的要求
学科角度	体现和反映学科本质的思维，用化学学科特有的魅力和美感培养学生的学科素养，激发学生的学习动力。	致力于培养学生分析现象和解释过程的能力，能用科学的思维方式去理解知识，用科的思想和观念去解决问题，形成学科的精神气质。

（续表）

发展角度	过程性评价的特征	过程性评价的要求
知识角度	超越语言文字、符号信息等知识表层结构而进入思维方式和价值倾向等深层结构的评价。	揭示知识的智慧、文化和价值的深层意义，反映知识的精神世界和价值世界，能够从化学的角度进行评价，体现富有个性的心理品质。
学生角度	深入知识内部，领会知识的真谛，使思维深度化，知其然，更知其所以然。	穿透知识本身描述性和定义性意义的表层，探究知识的深层含义，揭示和挖掘表面化的结论，体现知识和思维的同步发展。

【教学任务 2】

情境创设：图 5 显示了 $ZnSO_4 \cdot 7H_2O$ 溶解度随温度变化的曲线。请设计从滤液（溶质为 $ZnSO_4$）中获得 $ZnSO_4 \cdot 7H_2O$ 晶体的实验流程。

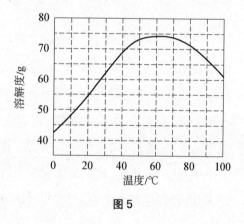

图 5

教师引导：物质制备应当考虑的最主要因素是哪两个？

学生齐答：产量和效率。

教师指令：请同学们基于这两点设计实验方案。

活动形式：以小组为单位，学生在前述问题的经验基础上进行分析、讨论，形成并分享如图 6 所示的实验方案。

教师提问：请问三个方案是否合理？请具体说明理由。

学生甲：方案 1 是在高温时蒸发浓缩，溶剂蒸发较快，即效率较高，但产量小。

教师：所以此方案——

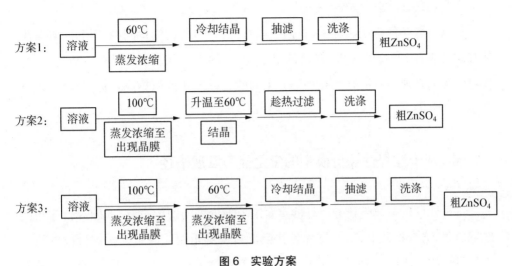

图6 实验方案

学生甲：此方案不可取。

教师：那么方案2呢？谁来尝试？

学生乙：方案2相对于方案1而言是在60℃时蒸发浓缩，降温时获得晶体的产量较大，但蒸发速率慢，效率低。

教师：下面哪一位同学评价一下学生乙的回答？

······

教师：那么此方案——

学生（齐答）：不可取。

学生丙：方案3先在高温时蒸发浓缩，速率较快，然后再在60℃时蒸发浓缩、降温结晶，获得的晶体产量也大，所以此方案是最佳方案。

教师（追问）：同学们，你们认可同学丙的评价吗？综合考虑选出一个最优方案，或者提出一个新的方案。

学生：完全同意。方案 3……

从这个教学任务的实施中，我们可以看出，教师通过创设问题情境，引导学生从知识的本质、变化的条件、构成的要素、实际的生产等多角度进行分析讨论，并通过学生的自评、互评，师生互评等一系列的过程性评价而达成目标，从而实现学生思维的发展。

四、基于过程性评价模型的学生能力发展路径

过程性评价中教学任务设计的重要组成部分是问题的设计，问题评价先于问题解决，从这个意义上说，问题评价比问题解决更重要。课堂教学评价应着眼于教学目标的完成情况和学生的活动水平，着重激发学生的潜力和发展学生的能力，致力于强化反思总结和知识迁移，推动学科观念的建构和核心素养的形成。在问题解决过程中进行评价，恰是为了促进学生关键能力的发展（见图 7）。在改革道路上跋涉时要大胆突破，要把学习的权利和责任还给学生，建立以"学习为中心"的课堂。

图 7　过程性评价促进能力发展

【教学任务 3】

情境创设：已知：明矾不溶于乙醇；$AlCl_3 \cdot 6H_2O$ 易溶于水和乙醇，受热易分解。相关物质在水中的溶解度如表 2 所示。

表 2　明矾和 $AlCl_3$ 在不同温度下的溶解度

温度/℃		0	20	40	60	80	100
溶解度/g	明矾	3.00	5.90	11.7	24.8	71.0	137
	$AlCl_3$	43.9	45.8	47.3	48.1	48.6	49.0

用铝箔为原料制备明矾晶体 $[KAl(SO_4)_2 \cdot 12H_2O]$ 和 $AlCl_3 \cdot 6H_2O$ 晶体的部分流程如图 8 所示。

图 8　制备晶体的流程

教学任务：结晶 A、B 应分别选择何种结晶方法较合适？

第 1 小组李华(快速举手并站起来回答)：已知明矾晶体的溶解度随温度升高变化比较大，所以结晶 A 的结晶方法应该是降温结晶；$AlCl_3 \cdot 6H_2O$ 晶体的溶解度随温度升高变化比较小，应该采用蒸发结晶的方法。

教师提问：李华同学的方案是否合理？有没有补充意见或者更好的方法？

第 2 小组陈明同学评价：结晶的方法不能只考虑改变溶液的温度、改变溶剂的量、改变溶剂的性质和改变离子浓度等，还应考虑晶体本身的性质，如是否含有结晶水、是否容易氧化等。虽然 $AlCl_3 \cdot 6H_2O$ 晶体的溶解度随温度升高变化比较小，但晶体中含有结晶水且受热易分解，蒸发结晶时如果控制不好容易失去结晶水。所以通入 HCl 气体的方法进行结晶较合理。

教师追问：哪位同学可以总结归纳一下？

这时化学课代表很有担当地站了起来：含有结晶水的晶体通常不是通过蒸发结晶的方法获得，因为容易失去结晶水。

老师回应：课代表总结得很到位，具体且本质。

大家对以上分析一致表示认同。

从这个教学任务的实施中，我们可以看出，教师通过创设问题情境，组织小组活动，让学生充分讨论，不断纠错，然后反思总结，并通过一系列的过程性评价而达成目标，实现学生能力的提升。

教育现代化的核心是实现人的现代化，人的现代化的关键是观念的更新和素养的提升。化学学科核心素养视域下的过程性评价，让评价行为与活动真正从教学之外走向教学之内，不像传统的评价那样用旁观者的态度和方式来对教学行为与活动进行静态的描述和诊断，能够从认知层面和行为表现层面全面评价学生的状况。过程性评价更加注重学生的成长发展的过程，将终结性评价和形成性评价结合起来，给予多次评价机会，促进学生的全面发展。过程性评价基于"评价即是教学"的现代化教育教学理念，使评价实施日常化、通俗化，真正实现了教学与评价的有机融合，充分发挥了评价的教育教学功能。

参考文献

[1] 潘晓青. 美国在华留学生跨文化人际适应质性研究[J]. 比较教育研究, 2014, 36(8): 74-81.

[2] 中华人民共和国教育部. 普通高中化学课程标准(2017 年版)[S]. 北京: 人民教育出版社, 2018.

［3］余文森．核心素养导向的课堂教学［M］．上海：上海教育出版社，2017．

［4］［美］R・M・加涅，［美］W・W・韦杰，［美］K・C・戈勒斯，［美］J・M・凯勒．教学设计原理［M］．王小明，等，译．上海：华东师范大学出版社，2018．

［5］孙重阳，陈波，许燕红．PIS2018 全球素养框架及其对化学教学的启示［J］．中学化学教学参考，2019(3)：1-4．

（古幼先，王利国　浙江省台州市三门中学化学教师　教龄 16/18 年）

第四章

技术：信息社会的加持

12. 可视化的教科研过程管理

一、问题呈现：检视教科研管理的惯常作为

（一）区域：课题管理存在"中空"现象

审视当前的课题研究方式，主要为"立项申请——过程研究——结题评优"三阶，各级各类学校最重视的是申报立项和结题阶段。

笔者曾对嵊州市的课题研究现状做过调查，发现很大一部分课题负责人在课题立项后忽略了中间的"过程研究"；结题时，课题负责人（执笔人）匆忙搜集资料堆砌成文，便上交参评。作为管理者，我们看到的只是申报方案和结题报告，看不到"即时"的研究进程。教科所和学科教研员虽然会组织一次中期汇报，但这对于一年多的研究周期来说只是杯水车薪，最终基本靠一纸结题报告来评判一

个课题的优劣。显然，这样的评价无法精准获取与课题相关的真实的研究信息。

（二）学校：课题申报存在重复、越级现象

评审中发现，有些学校为了追求立项和获奖数量，导致同一级课题在没有结题的情况下重复申报的现象时有发生。由于课题数量多、种类杂、时间跨度大，教科所的查阅和比对工作繁琐又费时。此外，越级申报的现象也比较严重，比如没有主持过嵊州市级的课题研究工作，就直接向绍兴市和浙江省科研单位申报课题。由于没有研究基础，在匆忙结题的情况下很难在上一级获得好等第，浪费了申报名额。没有统筹安排和明确目标，脚踩西瓜皮，做到哪儿算到哪儿，或过于注重形式和名利，这些都是做学术研究的大忌。

（三）教师：对课题研究存在心有余而力不足现象

教师考核、县管校聘、评优评先，都涉及对教师科研成果的考察。近年来，我市教师对课题申报的积极性大幅提高，但事实上许多课题的质量并不高。我们通过座谈发现，教师对课题研究还存在一定的畏难情绪，主要原因有：（1）不知道怎样写课题方案；（2）不会撰写文献综述；（3）不知道怎样开展研究；（4）没有收集第一手资料的习惯；（5）整理资料无头绪；（6）结题报告写不好；（7）身边缺少专家指导……种种困境，抑制了教师开展课题研究的信心和兴趣。

二、解决设想：勾画教科研管理的理想图谱

（一）顶层架构

基于上述现象，我们的设想是：让研究过程"可视化"。在科技发达的今天，网

络使我们的工作更加"现代化"，也愈发"简单化"。我们拟通过教学研究的网络管理系统，实时看到每一个课题的研究进展情况。

该系统由课题负责人主页、校级管理后台、县级管理后台三个模块组成。其中有一项"研究过程"功能，要求各负责人将课题的每一个实施步骤及时添加进"大事记"（即原来结题报告纸质稿中的附件材料或研究手册部分内容）中。由此，各级管理者可以随时通过后台看到各个课题的研究进展，以实现研究过程可视化、即时化的目标。

（二）设计思路

如果说传统的科研管理方式是 1.0 版，那么在 2017 年，我们设计并试行了 2.0 版的"嵊州市教科研网络管理系统"；2019 年 5 月，借"嵊州教育资源公共服务平台"整体建设之际，教科所再次着手设计"教科研网络管理系统"3.0 版，以打造更新、更全、更优的平台。新平台体现了许多转变：从局域网（只能在嵊州市教育系统内部操作）走向开放式网站（随时随地均可进行系统登录），从上传资料速度受限到服务器运行更顺畅，从固定的框架栏目到搜索菜单更多元。具体而言，新平台具有以下功能。

1. 给引子：提供模板样例

为不知道如何写课题方案的教师，提供一个"填空式的申报方案模板"，并提供文本样例；将优秀的成果报告进行网上展示和推广，给教师提供撰写范例。

2. 设位子：促进真实研究

每个课题负责人都有一个个人主页，个人主页中每个课题又有一个独立的网页，课题申报、资料上传、结题评奖、推广申请等都在网上进行。平时研究的过程资料（如图片、文档、视频等）可以随时上传，同时显示上传时间。

3. 搭梯子：实现跟踪指导

校级管理员可以在后台主页看到本校所有各级课题的研究进展情况，县级管理员（教科所、教研员）可以在后台看到全市各校各级课题的研究进展情况，从而可以及时进行跟踪指导和监管。这是本网络管理系统功能的关键点。

4. 减担子：提高工作效率

将过程研究材料及时传到网上，结题评奖时就不用再提供厚厚的几大本附件材料了。评委可以通过该课题的网页查看研究过程，以此为据进行评价，减少了纸张成本。另外，每年报送教科研的各类信息时总要传很多汇总表，从邮箱中下载、复制、粘贴，工作十分繁杂。有了该系统，各校在网页上注册申报，系统自动生成数据，并可实时导出，大大减轻了工作量。同时，平台设置了识别重复申报的功能，让课题逐级申报也成为可能，减少了管理漏洞。

三、路径探寻：打造教科研管理的亮点工程

（一）延展"系统"的设计理念

当前（尤其是疫情期间），网上申报和上交资料已成为广为应用的信息化手段，浙江省教育科学规划课题管理系统的运行也三年有余，但这些通道都没有设置过程性研究的数据输入功能。对此，本系统建设的主要目的是：加强课题的"过程"管理。改变为科研而科研的困境，打造"研究者、校级管理员、教研员、评委、县级管理员"五位一体的立体化科研管理模式（见图 1）。让教师做真研究，让研究与教育教学紧密联系。

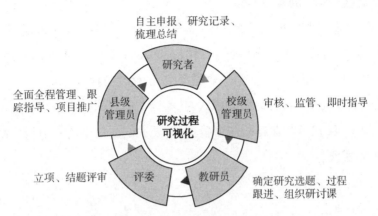

图 1　教科研网络管理系统的设计理念

（二）创新"系统"的架构模式

本系统的着重点是为教师课题研究搭建便捷平台。在实现有效指导的同时，作为管理层面，还要考虑管理实效。秉承"最多跑一遍"的理念，借助网络系统平台，让教师可以少跑甚至不跑。一些如"延期申请、中止申请、负责人单位变更、成员信息变更"等操作可以在网上实现。平时的通知公告可以随时发布，学校的课题研究数量、教工数量等情况也一目了然。系统构建模式如图 2 所示。

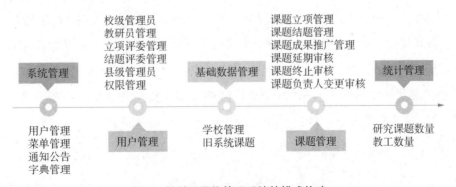

图 2　教科研网络管理系统的模式构建

（三）稳推"系统"的操作实施

基于研究过程可视化的科研管理应遵循"源于真实教学、指向问题解决、联通各级管理、走向技术应用"的理念。我们探索逐级申报、分层管理的模式，构建了"校级——县级——市级——省级——国家级"的研究阶梯（见图3）。目前本系统着重建设的是校级和县级课题管理模式，扎实为上一级课题的申报打好基础。关于如何实现市级、省级等课题的网络管理，需要我们在稳步落实上级思路的基础下，继续探索实践。

图3 教科研网络管理系统的操作实施

（四）迭代"系统"的支持系统

在教科研网络管理系统开发、设计、应用过程中，需要资源支持、人力支持、技术支持和评价支持（见图4）。探索有效的教科研管理模式，激发教师做科研的兴趣，提升全市教师的教科研水平，需要一定的时间。而平台的搭建，也需要调动各方力量，需要充足的时间与精力，需要资金、技术等全方位的支持。系统不是一个固化物，而是需要在不断检测、发现问题、修正完善、再度设计的循环过程中迭代更新。

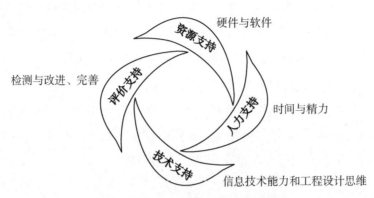

图4　教科研网络管理系统的支持系统

四、聚焦实践：关注教科研管理的过程跟踪

建设本系统的初衷，更多地是增强"指导"功能，让研究过程"可视化"。那么，哪些人能看得见？看得见什么？看见后又能做些什么？

(一) 让研究者可视——有迹可循

课题负责人用师训账号登录，在个人主页点击菜单栏"课题申报"，依据网页提示进入课题申报流程。在课题立项后，负责人把自己的研究资料上传到课题主页，及时整理记录课题组每一步的研究足迹。

1. 看得见申报方案的撰写提示

前期调查发现，教师对申报方案的格式不明确。因为学校教科室人员指导能力有限，所以课题申报撰写的指导工作难有起色。教研员一般只对已经立项的课题进行开题论证，也没有精力对申报前方案撰写进行指导。而教科研管理人员的相关培训，又无法辐射到所有教师。因此，很多新手教师对课题研究无从下手。

为解决这些问题，本系统使用“表格式”方案申报表，向一线教师提供方案撰写的模板和提示（见图 5）。例如，教师对方案中“背景及意义”的表述不是很理解，常常含糊其辞，没有自己的真实思考。对此，模板里有温馨提示：“规划综合类课题讲清问题是怎么来的，有什么意义。学科教改类课题讲清为什么要改进，可以从课标、教材、教师、学生等方面阐述。”这样的模板无疑是一个无声的指导，使教师进入系统就能逐步习得有针对性的课题撰写方法。

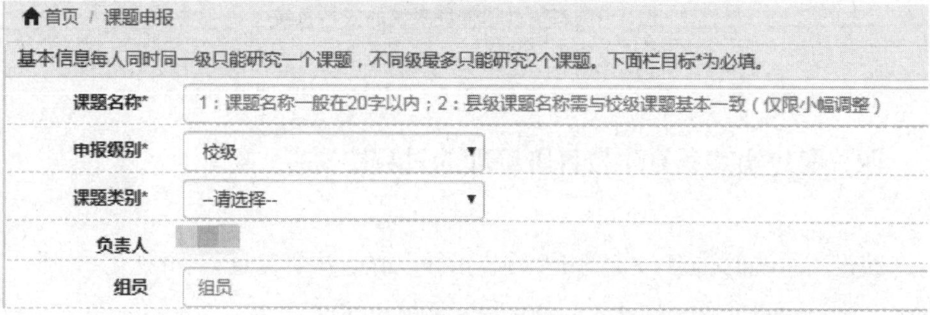
首页 / 课题申报

基本信息每人同时同一级只能研究一个课题，不同级最多只能研究2个课题。下面栏目标*为必填。

课题名称*	1：课题名称一般在20字以内；2：县级课题名称需与校级课题基本一致（仅限小幅调整）
申报级别*	校级
课题类别*	--请选择--
负责人	
组员	组员

图 5　平台提供的模板和提示（部分）

2. 看得见自己研究的行动足迹

在课题立项后，我们要求各课题负责人每完成一个研究步骤，就通过点击自己“正在研究的课题”，进入课题主页，以添加“大事记”的形式及时上传该阶段的研究成果（见图 6）。这里的“大事记”包括每次活动的方案、照片、视频等相关资料。当然，为了让研究者有提炼意识，我们对大事记的数量和容量都有限制。教师需将最能体现研究过程的资料上传，同时要对每份资料做好名称备注，以便能够清晰有序地记录过程。

大事记(1) 分析其中存在的问题及原因

图片	
文档	中班幼儿表征能力的现状与分析.docx　　2020-05-24　　下载
视频	

2020-05-24

图6　在实施步骤中添加"大事记"

（二）让校级管理员可视——有据可依

校级管理员登录后台，可以看到本校正在申报（研究）或曾经研究过的课题汇总情况（见图7）。点击左侧栏的"课题管理"选项，可进行各级立项管理、结题管理等。如点击"县级课题立项管理"，可以进入页面浏览所有课题的申报方案和前期研究情况（见图7方框标示处）。

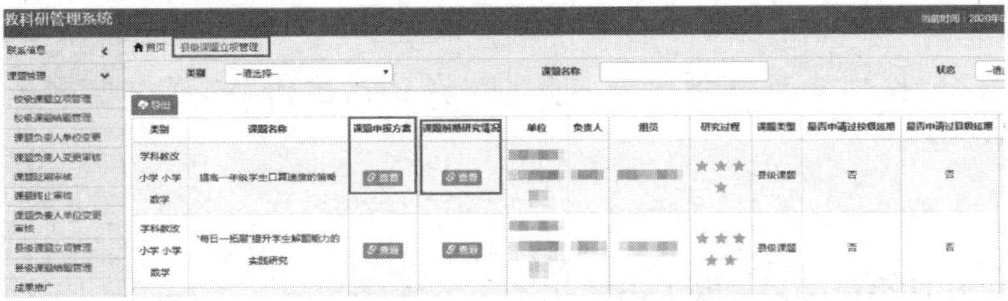

图7　校级管理后台能看到的申报方案和前期研究基础

　　校级管理员对申报上来的课题进行校级评审,按申报数额择优上报县级评审(见图8)。对于已经发现问题的课题,校级管理员联系课题申报者进行再修改;对于未能在本年度上报县级立项的课题,可让教师进行再研究,做实做透,允许其下一年度再参与评审。

图8　校级管理后台的立项评审页面

(三) 让学科教研员可视——即时指导

　　学科教研员登录后台,能看到本学科的所有课题,可根据需求搜索"状态"栏(见图9右上方),选择立项评审和结题评审功能。"研究过程"一栏(见图9方框标示处)有几颗星就表示该课题分几个步骤实施,其中★表示该步骤及时上传了资料,★表示上传资料未及时,☆则表示尚未上传资料。教研员看到有资料上传后,点击课题名称进入该课题页面了解情况并加以指导,从而实现课题研究的"过程性管理和评价",同时使"课题式教研"的素材挖掘多了一双"千里眼"。

(四) 让评委可视——网上审核

　　评委登录后,进行网上立项审核(见图10)。评委跟校级管理员一样能看到该

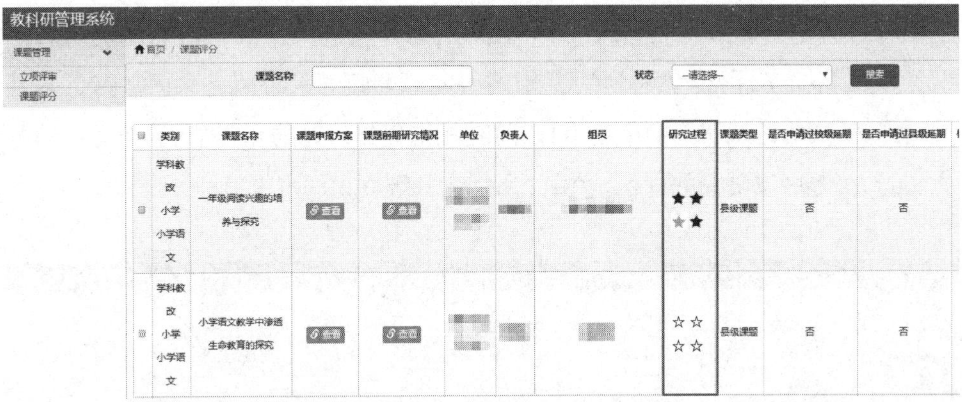

图9　县级学科教研员后台能看到研究过程中"大事记"的上传情况

课题的申报方案和前期（即校级课题）研究情况，并以此为重要依据审核是否立项，从而实现真正意义上的"逐级申报"。

　　结题评奖审核也采取同样的操作，系统支持自动生成"结题报告"。评审时，评委只需输入等级和分数，县级后台即可进行计分汇总。

图10　评委后台的立项评审页面

（五）让县教科所可视——总揽全局

教科所作为区域课题研究工作的总领，需要时刻关注区域内课题的进展情况。以往，限于人手少，教科所对基层的研究只好睁一只眼闭一只眼。有了本系统，教科所成为区域研究的中枢，可以随时看见各类研究的真实情况，随时调动各方力量，统筹区域研究的进程。图 11 所示为县级立项评审页面。

图 11　县级后台的立项评审页面

五、立体联动：实现教科研管理的反哺效应

看得见是基础，落得实才是目标，为此，需要一些机制作保障。我市教科所进行探索，试图形成一个"立体化"的教学研究管理机制。

（一）"动态生成"的分级监管

"嵊州市教科研网络管理系统"是加强过程管理的主阵地。教师主持了一个课题，就等于建了一个网站，只有用心经营才能让网站有"货"可供、有"料"可取。

在个人页面，教师除了看到自己的课题外，还能看到本校其他教师的课题，相互学习的同时也在相互督促，实现了隐形监管功能。同时，校级管理员的零距离讨论、教研员的学科视角指导、教科所组织的重点课题线下会诊等，让分级监管成为可能。

（二）"门当户对"的分科指导

教学研究分科培训指导，有助于教研员做好研究指导工作。嵊州市教科所目前已成立两届教科研指导工作委员会，分别由各个学段、各个学科的教科研专家教师组成。委员会组成人员在申报时就要填写自己擅长指导的领域（分内容指向、研究方式等），列出"专题菜单"。教科所将二十余名委员的"专题菜单"整理后，上传到系统的公告栏，供学校自主"点单"。在组织市级重点课题过程指导活动时，教科所也会协助课题组与委员配对，让专业的人给予专业的指导，做到"门当户对"，让研究过程不仅被看得见，还能被看得准。

（三）"步步为营"的分层评价

除了课题研究，系统还增设了"教科研基地申报"模块。结合绍兴市教科研培育基地建设和浙江省教科研先进学校（单位）的争创工作，我市在 2018 年下发了文件《关于在嵊州市中小学幼儿园开展教科研评价考核工作的实施意见》，教科研基地的评估就是其中一项。学校通过网络进行申报，并及时上传相关活动和科研成果的佐证资料；教科所在系统上可定期督查，并进行有针对性的调研。嵊州市教科研基地的评选促进了学校的科研热情，为推荐上一级科研基地申报打下了基础。

（四）"闪亮登场"的分类推广

规划综合类课题的范围包括学校文化、课程建设、教学管理等，主要从学校层面出发做研究，由教科所负责指导。一般每年推出 1—2 个大型的成果现场会，由全市分管教科研的校长、教科室主任及科研骨干参加。教科所还将教师每年在各级各类评选活动中获奖的优秀成果结集成《实践者的智慧》（已出四册），供老师们传阅。学科教改类课题则由各教研员结合教研活动进行实时推广。平时，教研员们带着问题进学校，带着思考入课堂，带着话题开座谈。做课题不再是一个人的事，更不是一个课题组的事，而成了一个团队的协作研究。我们也看到，科研成果已由文字转化为可见的场景，隐藏在校园草木中，渗透在教师举动中，绽放在学生的成长中……

　　"可视化"研究，让你我都能够看见，看见更多，看到更远处……教科研应一改传统的"古板"面孔，变得更具现代化气息。这无论是出于教育教学改进的思考，还是基于顺应时代潮流的视角，都值得科研工作者们去探索与尝试。

（应西芳　浙江省嵊州市教育科学研究所科研员　教龄 25 年）

13. 信息技术在网球教学中的应用研究

从事学校网球教学多年来，笔者发现校园网球的训练完全不同于体校及俱乐部的训练，由于网球场地少、学生多、练习时间少等，网球教学工作的开展比较困难。另外，网球技术动作复杂，重难点较多，授课过程中教师很难在一节课内关注到每个学生，这使得网球教学效果不尽理想。针对以上两个难题，笔者结合本校网球教学特点，利用校本创编教材，以手机为媒介将现代信息技术和网球教学进行有效的整合，以高中网球拓展课——网球双手反手击球技术作为研究对象，运用微信辅助课堂教学，提升教学效率，培养学生自主练习的意识，提高其发现问题和解决问题的能力，为推进网球运动进校园提供一定的依据和建议。

一、研究目的与方法

(一) 研究目的

基于网球运动自身特性,双手反手击球技术的掌握难度高于正手击球技术,对击球力度及准确性的要求更高,因此它需要更多的转肩、灵活的步伐和最佳的击球时机。本文主要以网球双手反手击球技术作为研究对象,在教学过程中通过视频采集、影像分析、网络分享等信息化手段进行针对性训练,从而进一步提升学生对网球双手反手击球技术的掌握程度。

(二) 研究方法

文献资料法:通过查阅文献资料和网络信息,收集大量与网球技术训练、网球辅助训练、网球体能训练等相关的授课资料,进行归纳和分析。

访谈法:与从事俱乐部网球教学的教练进行探讨交流,就网球训练中双手反手击球技术的掌握和实际教学实施情况进行访谈,针对授课对象、授课形式、授课手段等进行全方面的梳理。

问卷调查法:针对将信息技术运用到网球教学这一模式,设计调查问卷,发放给各水平阶段的学生进行调查研究,了解学生对这种教学模式的喜欢程度以及该模式的可实施性。

行动研究法:本文的行动研究法就是将网球课程实施方案应用于教学实践,经过反复实践,不断总结经验,提高网球教学的有效性。

(三) 研究对象

研究对象包括:上海市实验学校高中网球训练队(男 13 人,女 12 人)、网球校队(高中 25 人,初中 25 人)和初中网球社团 11 人。

二、研究内容与实施

研究的主要内容是：汇编初高中网球教材,研究信息技术的运用;设计教学方案,探索网球教学实施途径,实现信息技术与网球教学的整合;设计调查问卷,对教学效果进行反馈与评价。具体实施过程如下。

(一) 将信息技术运用于网球教学的设计思路

首先以信息技术与网球双手反手击球技术教学整合为切入口,设计教学方案,然后思考信息技术运用的切入点与运用时机,制定教学实践操作环节,以及教学效果的评价与反馈。

笔者结合网球双手反手击球技术的特点,撰写教学单元计划,制定课时计划,将每节课的重难点进行整理编辑,平均分布每节课的教学侧重点,并落实到教学实践中。同时,进行教学实践研究,通过视频采集、影像分析、网络分享等现代信息技术进行网球教学。网球双手反手击球技术教学实施计划如表 1 所示。

表 1 网球双手反手击球技术教学实施计划

课次	教学内容	学习目标	重点、难点	教与学的主要方法和手段
一	1. 学习准备姿势(步伐与握拍); 2. 学习双手反手击球技术动作。	掌握正确的准备姿势及挥拍动作,学习和体验引拍、击球、随挥的动作过程。	转体引拍,随挥动作充分,重心由后至前自然过渡。	1. 建立微信群,分享挥拍视频; 2. 徒手模仿,分组练习挥拍; 3. 学生自我视频采集,分析讨论; 4. 查阅资料:挥拍时的步伐运用; 5. 体验步伐动作,分组展示。

(续表)

课次	教学内容	学习目标	重点、难点	教与学的主要方法和手段
二	1. 双手反手击球（原地击球）； 2. 抛球辅助练习。	正确领会击球动作要领，手腕放松，紧盯来球方向，培养学生的学习兴趣并使其树立自信。	出手速度；引拍连贯，蹬地，全身协调用力，快速将球击出。	1. 复习并展示反手挥拍动作； 2. 微信群图解分析，示范正确动作； 3. 观看图解，分组提高练习； 4. 对比挥拍动作要领，分组练习并上传个人视频； 5. 教师根据视频纠正、点评。
三	1. 双手反手击球（对网击球）； 2. 快速击球与回位（步法）。	体会引拍时充分转肩，寻找正确的触球部位与击球点，培养学生合作交流、互帮互助的协作精神。	转肩充分，寻找最佳击球点，动作连贯，协调用力。	1. 复习原地反手击球技术动作； 2. 分享视频，集中展示； 3. 点评，归纳技术动作； 4. 回放慢动作，寻找正确的触球点，分组体验； 5. 教师巡视指导，集合讲解，再次练习。
四	1. 移动中双手反手击球（对网击球）； 2. 回击不同来球的步法。	熟练掌握移动中反手击球技术；重心始终保持在前脚；提高自学意识和团体互助精神。	熟练技术动作，跑位准确，引拍及时，步伐重心由后至前，蹬地有力。	1. 复习对网击球，体会击球时机； 2. 分组持球练习，互相纠错点评； 3. 根据视频讲解，学习移动中反手击球； 4. 体会步伐和持拍手的协调性，分组体验练习； 5. 教师巡视指导，点评纠错，再次练习。

（续表）

课次	教学内容	学习目标	重点、难点	教与学的主要方法和手段
五	1. 移动中双手反手击球（提高）； 2. 反手技术战术训练。	进一步掌握移动中反手击球技术；控制挥拍速度和击球时机，提高回球成功率；增强团队合作意识。	增加反手击球练习频率，提高挥拍速度，击球后迅速回位。	1. 复习移动中反手击球，体会正确步法，引拍自然； 2. 欣赏教学视频，分组对网练习； 3. 根据视频辅助训练，加强步法训练； 4. 分组练习，视频采集，准确判断来球方向； 5. 教师巡回指导，学生再次练习。
六	1. 移动中双手反手击球测试； 2. 教学赛。	通过双手反手移动击球测试，了解学生反手击球的能力以及掌握的程度。	全身协调发力，重心过渡自然，体会最佳击球点。	1. 展示测试视频； 2. 学生依次进行测验； 3. 录制测试视频并回放点评； 4. 记录测验成绩。

　　教师根据教学实施计划表，引导学生以小组为单位进行模块学习。教师首先建立微信群，借助手机共享视频对技术环节进行有效的剖析，使学生了解本课的重难点，在大脑中形成正确的动作影像；接着拍摄练习视频并进行对比，及时互评纠错；最后通过现场授课加深学生印象，使学生更直观地掌握网球双手反手技术动作。

（二）将信息技术运用于网球教学的实施途径

　　根据本校学生的网球训练水平，笔者将该网球教学模式分别在初中网球校队、高中网球校队、初中网球社团和高中网球拓展课四个不同的教学阶段进行实施。

1. 初中网球校队教学实践

对于初中网球校队，教师将双手反手击球引拍转肩、寻找最佳击球点进行详细的分析。在微信群课堂分享视频慢动作及图解，引导学生寻找击球瞬间的最佳触球点，体会转肩拉拍、动作连贯的重要性。学生通过视频拍摄、采集对比、探讨改进，将自己的训练成果视频推送到微信群课堂，然后由教师对各组练习成果进行指导讲评，激励学生提高练习质量。

2. 高中网球校队教学实践

对于高中网球校队，教师将控制挥拍速度和击球时机进行分析讲解，通过慢动作捕捉专业运动员反手击球的移动步法，引导学生学习启动、击球、回位三个过程。教师及时分享小组练习视频，寻找双手反手击球的最佳移动时机，配合增加反手击球练习频率和提高挥拍速度，进一步提升练习质量。

图1 高中网球校队教学实践

3. 初中网球社团教学实践

对于初中网球社团，教师主要引导学生体验引拍、击球、随挥等动作的连贯性。在微信群课堂分享了标准的双手反手击球技术动作后，采集随挥后身体重心移动的视频。通过与标准动作的对比，掌握随挥时身体重心由后至前自然过渡的要领，提高身体的协调性，为进一步练习打下扎实的基础。

4. 高中网球拓展课教学实践

对于高中网球拓展课，教师引导学生在正确领会双手反手击球技术动作要领后，着重练习移动时引拍连贯，蹬地及时，全身协调用力将球击出。教师侧重提示学生观察运动员引拍时机和击球动作要领，体会手腕放松、紧盯来球方向等操作要领。通过小组视频采集、回放分析，使学生第一时间捕捉到自己的错误动作，从而改进提高以达到最佳的击球状态。

三、教学效果分析

将信息技术运用到网球教学中，有利于动作技术重难点的讲解。在这种模式下教师引导学生直接观看视频，反复播放慢动作，观察动作路线，有利于师生互动和生生互动，激发学生网球运动的兴趣，提高学练效率。

(一) 有利于网球技术重难点讲解

重难点的掌握是一堂课的精髓，传统的课堂教学主要是通过教师的讲解和示范来实现的，然而由于学生学习能力的差异性、授课时间的局限性等因素，教师很难关注到每个学生。而信息技术的融入恰好可对此进行弥补，教师将重难点技术以视频分享的方式呈现给学生，通过标准动作的解读、练习视频的对比帮助学生纠错和改进（见图 2）。这样既提高了授课效率，又强化了学习内容。

(二) 有利于学生直接观察动作过程

手机作为教学媒介，把信息技术带到网球教学中。通过视频分享，教师让学

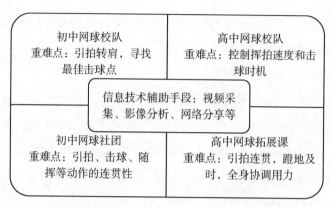

图2　将信息技术运用到不同的网球教学阶段

生直观地看到高水平运动员的技术动作,同时线下第一时间进行补充讲解和示范,加深了学习印象,丰富了课堂知识。随后学生通过参与视频采集、分享、对比等途径,将信息技术进行有效的运用,既体验到了新颖的教学模式,同时也提高了学习效率。

(三) 有利于捕捉学练中的瞬间动作

在以往的课堂教学中,教师根据学生实际练习情况进行及时的讲评和纠错,手段过于单一,且效果不明显。有了动作回放、影像捕捉等信息技术手段,能够更清晰地发现并纠正错误动作,强化重难点的掌握。教师将技术动作进行拆分,引导学生体验瞬间关键动作的要领,针对性强,准确率高,既节约了授课时间,又提高了教学效率。

(四) 有利于学生之间学练互动

信息技术在网球教学中的应用,不仅增强了教师与学生之间的沟通效果,也开创了学生与学生之间合作学习的新模式。通过一段时间的网球教学实践,笔者发现师生之间的沟通更顺畅了,信任度也提高了,同时学生之间互相监督,同学习共促进的氛围也高涨了。

(五) 有利于提高学生对网球的兴趣

为了进一步验证信息技术在网球教学中的可实施性,笔者制定了相关的调查问卷,共发放问卷80份,回收率100%,去除2份无效问卷,问卷有效率为97.5%。学生作为授课对象,他们的反馈是该教学模式今后能否普及推广的重要依据。具体问卷调查如表2所示。

表2　学生对将信息技术融入网球教学的反馈调查表

年级及人数	很喜欢		有点喜欢		一般		不大喜欢		不喜欢	
	人数	百分比	人数	百分比	人数	百分比	人数	百分比	人数	百分比
初中网球校队(25)	20	80%	2	8%	2	8%	1	4%	0	0
高中网球校队(25)	18	72%	3	12%	1	4%	1	4%	2	8%
初中网球社团(11)	7	64%	2	18%	1	9%	1	9%	0	0
高中网球拓展课(17)	12	71%	1	6%	2	12%	1	6%	1	6%
合计(78)	57	73%	8	10%	6	8%	4	5%	3	4%

从表2中可以看出,在调查的78位不同年龄段的学生中,很喜欢的有57人,占总数的73%;有点喜欢和一般的有14人,占总数的18%;不大喜欢和不喜欢的有7人,占总数的9%。调查表明,超过七成以上的同学对这种新教学模式有着浓

厚的兴趣,尤其是慢速录播的视频拍摄模式,学生认为可帮助自己将之前没有察觉到的错误及时地记录下来,有了明确的指导影像,就能在第一时间及时地纠正错误,这也是在平时的普通网球课程中所难以达到的效果。而表示有点喜欢和一般的同学则是因为对手机操作时间掌控不好,耽误了实际有效练习时间,所以觉得训练效果不佳。选择不大喜欢和不喜欢的同学则是觉得训练效果完全没有达到自己的预期,或者是不习惯这种将信息技术融入课堂的模式,更倾向于之前传统的教师课堂面授形式。

四、结论与建议

(一) 结论

首先,以教学实施计划为依据,将信息技术引入网球双手反手击球技术教学,通过四个不同水平段的网球教学实践,不仅提高了教师的教学效率,而且激发了学生的学习兴趣,同时也证明了信息技术可以被推广到其他网球技术教学中去。

其次,证明了我校网球校本教材编写的可行性,将信息技术融入网球双手反手击球技术的教学达到了预期的效果。而且授课形式灵活,教学时间得到了有效的提升。期末优异的测试成绩就是对该教学模式的完美诠释。

第三,通过一个学期的实践和研究,笔者发现信息技术的运用打破了传统教师面授中重复训练的过程,将枯燥的教学趣味化,如视频采集、影像分析、网络分享等技术,使授课更具实效性,为今后的网球教学增添了新的手段。

(二) 建议

首先,进一步完善网球校本教材的创编和研究,对信息技术的运用不能生搬硬套,要根据学生年龄特点和实际教学情况进行适当的调整。

其次，信息技术不能完全取代网球课堂教学，对其不能产生依赖感，应将其作为一项新的教学辅助手段进行合理的开发和利用。

第三，在教学过程中注重"以学生发展为本"的教学理念，加强与学生之间的教学互动，改进教法和手段，充实教材内容和教学辅助器材，进一步加强手机信息技术的操作熟练程度，转变部分学生的学习观念。

参考文献

[1] 杨海兵. 多媒体与多球训练在高校网球教学中的运用研究[J]. 当代体育科技,2017(1)：54-55.

[2] 李博. 网球双手反手击球的技术分析及教法研究[J]. 教育界(基础教育研究),2013(2)：62-63.

[3] 陈洪强. 多媒体技术在网球教学中的应用[J]. 文体用品与科技,2013(20)：59-60.

[4] 姜喆琮. 中学生参加课余体育活动调查研究[C]//浦东新区第二届中小学体育教科研成果评选获奖论文汇编,2014.

[5] 章华. 信息技术背景下探究式教学模式在普通高校网球专选课中的实验研究[D]. 西南大学,2011.

（王文斌　上海市实验学校体育教师　教龄 17 年）

14. 支持高中数学个性化学习的 GeoGebra 软件应用

现代信息技术的迅速发展为个性化学习的实施提供了支持。我们尝试在高中数学课堂中引入现代互动数学教学软件 GeoGebra，以支持个性化学习的教学实践。该软件具有简单易用和动态互动的特点，有助于提高课堂上师生和生生间对数学概念的交流协作效率，同时加强基于学生自身差异性个性化特点的主动探索和学习兴趣。

一、高中数学个性化学习与 GeoGebra 软件的匹配

个性化学习是近年来受到广泛关注的学习和教育趋势，信息技术的发展更是助推了这一趋势，让个性化学习成为"互联网＋"时代学习和个性化发展的基本特征。[1]以一句话概括，个性化学习就是学习过程中尊重学生个性的教和学。个性

化学习的出发点是每个学生各自不同的能力和需求，由学生自己决定学习过程，教师则成为学生学习的帮助者。个性化学习注重教和学的差异性，而我们传统的学校教学又以群体性的活动为基础，如果过度强调个体差异性的学习，可能会导致学生学习过程中缺少群体性认同，增加学生的孤立感。因此，通过小团队的形式组织学生进行互动学习是一种个性化学习的折衷方案。[2]以师生和生生之间的互动和平等交流为基本特征，学生既学也教，其个性得到尊重，主动性得到鼓励，不仅有助于知识的内化，同时也能锻炼思维和表达沟通能力。以协作式小组为载体实施个性化学习，基于学生之间的差异性，借助主动的沟通合作，能兼顾传统学校教育的群体性认同，减少过度的个性化所导致的学生的孤立感，是一种较为理想的实施个性化学习的方式。

在将个性化学习应用于高中数学的教学实践中，考虑到目标知识具有较强的抽象性，仅仅依靠基于语言和纸笔等传统工具的沟通方式会让教学各主体之间的交流难以达到高效的程度，也容易让学生对个性化学习的兴趣下降，因此我们需要更合适有效的工具。对此，我们引入了 GeoGebra 教育软件，该软件是一款跨平台的自由的动态数学软件，涵盖代数、几何、统计和微积分等内容，并具有表格和图形功能，免费且易于使用，获得过欧美的多个教育软件大奖。国际上成立了专门的机构以支持 GeoGebra 软件相关的培训、经验分享和教学研究，全世界有 150 多所 GeoGebra 研究院（包括中国）。国内也进行了相关的教学实践，显示该软件在中学数学的教与学中存在诸多优势，[3]能让数学学习和教学更具成效。我们也曾对将 GeoGebra 软件应用于高中数学教学进行了初步尝试，[4]希望借助该款优秀的教学工具，让学习者主动参与到他们自己的教育中来，摆脱被动的填鸭式的教学，一定程度上实现个性化学习所倡导的"学生决定自己的学习过程"模式。

基于 GeoGebra 软件的特点和高中数学个性化学习的需求，我们觉得两者的匹配性可以从以下三个方面得到体现：（1）软件的强互动性能够支持学生根据自己的理解和喜好来与软件进行个性化交互;(2) 软件把数学概念具象化,让数学的学习变得可以看见和操作,成为个性化学习的良好媒介;(3) 教学内容和成果在软件上以文件的形式保存,且具有可复制性,这样可以大大降低个性化学习的教学实施成本。本文即是我们使用 GeoGebra 这一款现代互动数学教学软件来支持高中数学个性化学习课堂教学的一些实践经验总结,以及我们对一些相关问题的探讨和思考。

二、GeoGebra 软件工具支持个性化学习的实践策略

个性化学习倡导发挥学生主动性,尊重学生个体差异性,以培养学生主动学习、分析和解决问题的能力为目标。自主、互动和对话是个性化学习的核心理念,而 GeoGebra 软件所具有的强大功能以及直观、简单和互动性的特点可以帮助落实这些理念。通过借鉴国内同行实施协作式学习的教学实践经验,[5]并在教学过程中重点关注学生的个体特点,我们首先把学生划分成差异性的学习小组,并把基于学习小组的课堂分成三种:自学研习模式、探讨交流模式和归纳巩固模式。在课堂的实施上重点关注学生的个体差异特征,包括:学生的学力差异——学力的差异决定了学生学习的需求和目标进程的差异;学生的兴趣差异——是否能有效唤起学生不同的学习兴趣是课程能否有效实施的重要条件;学生生活经验的差异——学生各自的生活经验有助于学生从不同的角度理解知识和构建知识。

(一) 划分学习小组

在初始阶段,由老师主导划分学习小组;在学生熟悉教学模式后,以学生基于自己的喜好和需求自发分组为主导。老师在初始阶段划分学习小组的主要依据是学生的学力(数学成绩)和性格、兴趣等特点,并遵循一些原则,包括:"互补原

则"，让学力好的学生和学力差的学生互补，组成"帮扶"小组；"均等原则"，将数学学力相近且处于中游水平的学生组成"促进"小组；"聚类原则"，在满足上述两个原则的前提下将兴趣爱好相近的学生尽量组在一起。初期分组时我们还要考虑学生使用软件的能力，让每个小组至少具有一位软件使用能力强（由学生自主提出来）的学生。同时我们也对学生的表达能力进行组合，让学生之间的表达能力形成互补，表达能力不足的学生和表达能力较强的学生优先配组，这样便于小组内形成良好的沟通交流氛围。小组人数为每个小组少于等于 5 人，小组人数过多不利于教学组织，过少则不利于协作交流。

（二）自学研习模式

学生是该模式下的主角。在老师事先准备好导学单和 GeoGebra 课件后，学生自主阅读教材，利用课件在 GeoGebra 软件上自主研习，探索与课程内容相关的数学对象。在传统的教学模式下，学生课前自主研习的障碍主要是过程中缺少反馈，表现为学生与学习的客体对象缺少互动（因为数学对象不直观），使学生对一些概念的理解流于表面或是错误的，从而导致学生兴趣下降，主动性缺乏。在使用 GeoGebra 软件和老师提供的互动课件情况下，学生的自主性和个体差异可以通过各自操纵软件中的数学对象得到体现，软件的直观性和互动性则能提升学生的学习兴趣和效果。

以自学研习阶段笔者所准备的 GeoGebra 课件视图为例（见图1），所涉及的教学内容为"平面向量的分解定理"。

分发的课件中还包括了对如何使用该课件的简单描述和建议。学生可以在课前利用该课件先行探索和熟悉平面向量的分解，通过软件拖动一些点和滑动条，既复习向量加减和数乘，又收获对新课堂内容（向量分解）的直观印象和操作经验。例如，拖动课件中点 C 查看不同的初始向量分解后的结果的异同之处，拖

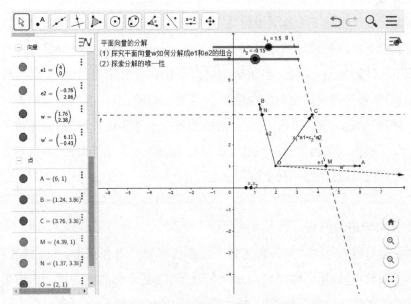

图 1　自学研习模式下软件应用举例

动滑动条 λ_1 和 λ_2 研究相同基底的不同线性组合,或者拖动点 A 或点 B 探索不同基底情况下线性组合的结果。这样通过操作软件进行主动探索,使学生获得了对向量分解的直观经历和动态视觉图像,满足了学生的好奇心,有助于加强学生对向量分解这个概念的理解。学生依据自己的理解差异和兴趣,自主地利用软件互动来加深对数学对象的认识,以达到个性化学习的效果。

(三) 探讨交流模式

在小组内探讨交流模式下,学生以交流的方式把自学研习阶段中形成的成果呈现出来,呈现的方式不仅限于 GeoGebra 软件操作,也可以是语言配合纸笔的经典方式。小组交流时尽量让每一个学生都能参与其中,并尽可能展示各自的思维方式,让学生的差异性充分体现出来,不理解的交流哪里不理解,理解的交流从哪些角度来理解,鼓励学生主动提问、探索和质疑。在这个阶段,老师适当提出一些问题,让学生以小组为单位合作完成,不能完成的则由其他小组协助完成,或者由老师加以引导指点。总之,以小组为单位,以学生自主的个性化表达和思考以及学生间的互助协作为主,这样既尊重了学生个体,又锻炼了其表达能力。

在该模式下,使用的课件是在自学研习阶段使用过的课件的基础上,新增一些可供学生探讨交流的概念主题、例题或习题课件等。以"函数 $y = A\sin(\omega x + \varphi)$ 的图像与性质"一节教学为例(见图 2)。

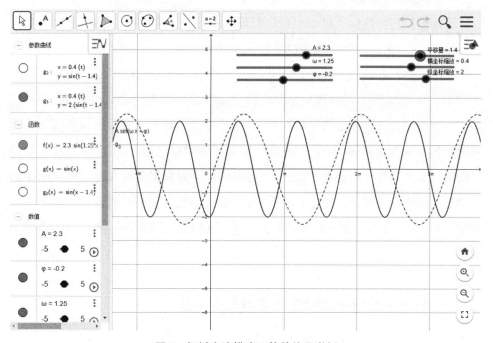

图 2　探讨交流模式下软件使用举例

　　在课件中,我们设置了平移、坐标缩放和相关参数的滑动条,学生可以利用互动软件和课件充分探索或交流这些量之间的相关性来解答多类习题。老师或组内成员可以提出问题,让组内学生通过操纵课件来寻找答案。学力较弱的学生只要简单地拖动滑动条,就能尝试解答一些问题;而学力强且熟悉软件的学生则可以自己输入命令作图进行探索。学生也可通过操作软件的方式向小组内其他同学阐述自己对题中内容是如何理解的。在 GeoGebra 互动软件的帮助下,学生之间的探讨交流变得更为直观顺畅。

(四) 归纳巩固模式

　　该课堂模式的目标是对知识点进行强调和归纳,解决学生遗漏、不规范和误解的地方,让学生的认知结构更加系统化。那么,该模式下如何利用软件来支持个性化学习呢? 首先,老师利用 GeoGebra 课件给出容易犯错误和出现不规范操作的例子并加以讲解,同时现场操作软件,尝试从不同角度和例子来解释,并进行总结归纳;然后,鼓励学生自主在 GeoGebra 中使用命令来构建数学对象以加深和巩固对数学概念的理解,对于一些难以深入理解的概念和方法,学生可在老师讲解的同时通过和软件互动操作来达到查漏补缺、巩固升华的效果;最后,鼓励小组内学生利用现有课件进行相互答疑解惑,体验帮助同学带来的成就感。需要注意的是,当老师为检测课堂效果布置作业,让学生进行作业解答时,学生则不能使用软件。

三、软件工具应用的理性思考和实践反思

(一) 动态教学软件支持个性化学习的理论依据

作为现代教育技术的重要组成部分,信息技术可以在个性化学习的各阶段中

进行渗入支持：一是界定学习者的个性特点阶段，大数据等手段能对学习者进行高效画像；二是基于个性特点选择学习内容的阶段，信息系统能根据学习者的目标和特点在选择内容上有所侧重，为学习者带来事半功倍的效果；三是个性化内容的具体学习阶段，通过软件操作对知识进行有效呈现、直观互动和及时反馈，能提升学习的效率；四是对学习效果的评估和反馈阶段，通过对学习过程的全程记录和评估反馈，能让个性化学习进入一个良性循环。动态数学教学软件对高中数学个性化学习的支持作用，主要体现在个性化内容的具体学习阶段。该软件有三个特点：直观呈现数学对象、让数学对象具有互动性、一人使用一个软件，基于上述特点，我们认为 GeoGebra 软件主要通过三个途径来提升个性化学习：提升交流协作效率；软件支持差异化内容呈现和个性化主动探索；让枯燥的数学变得直观，提升学习兴趣。

从另一个角度看，个性化学习如果要在中小学学校教育中成功应用，也需要信息技术和软件的大量介入。鉴于学校教育活动的群体性，如果没有借助合适的工具，尊重个体差异性的成本就会变得非常高。在现有的课堂模式和教育资源分配的情况下，信息技术和软件的使用则能让个性化学习和教育在一定程度上变得具有可行性。

（二）动态教学软件有助于对数学概念的认知理解

多样化表征（multiple representation）理论可以解释互动软件的使用对促进数学概念认知的有效性。卡普托（Kaput）认为学生理解一个数学概念的能力是和学生表征一个概念的能力相关的，表征数学概念的能力越强，则理解该数学概念的能力越强，所以概念的多样化表征有助于对该概念的理解。卡普托进一步把学生的数学符号系统描述为学生组织其过往数学经验的一个框架。概念表征的多样性是 GeoGebra 软件的强项，它不仅具有图形、表格和符号等多种表示方式，并且具有动态性特点,同一概念又可以简单地通过不同的图形、表格等工具在软件上展示出来。同时,在协作式个性化学习中,学生通过相互交流,以及基于自身兴趣的自主软件操作来辅助其对数学概念的理解,扩展了学生在这个概念上的经验经历。因此,我们认为通过软件的使用,可对概念进行多重表征,并对学生数学经验经历加以扩展,以达到帮助学生发展数学概念认知的目的。

(三) 实践中的问题与教学对策

一是需要学生学会对软件核心功能的基本使用。GeoGebra 软件简单易学,通过老师讲解和组内互助的方式,高中学生在一定时间内基本能学会简单使用。虽然一些学生对使用软件有畏惧心理,但畏惧心理会随着对软件的熟悉而逐步消失。

二是要让学生自主学习。个性化学习中学生处于主体地位,强调学习的自主性,这和传统数学教育中学生的被动接受习惯形成矛盾,所以需鼓励学生勤观察、勤交流,努力用自己特有的方式去摸索和表达,以形成自己独特的学习体验。要提升学生学习的自主性,还需要老师适当平衡学习小组内各个学生的位置。当小组内出现严重不平衡现象(少数学生唱独角戏,多数学生成为观众)时,老师需要加以引导,使处于观众状态的学生也能积极参与进来。

三是利用好学生"课外"时间,让"课内"和"课外"互补。通常教学课时比较紧张,老师在课上是具有一定的教学目标和任务的,不能期望在四十分钟内解决全部问题。所以一方面要求老师做好充分的准备工作,把相关的 GeoGebra 课件事先准备好发给学生,另一方面引导学生在"课外"利用这些课件自主探索、研习和巩固有关知识点,鼓励同学之间相互帮助讨论,使"课外"的活动和"课内"的学习达到相辅相成的效果。

总而言之,基于软件学习成本较低以及对数学个性化学习具有众多帮助等一系列特点,我们认为 GeoGebra 软件是值得在高中数学的个性化学习教学实践中积极推广的。

参考文献

[1] 孔晶,郭玉翠,郭光武. 技术支持的个性化学习：促进学生发展的新趋势[J]. 中国电化教育,2016,351(4)：88 - 94.

[2] 潘晓光. 课堂合作学习[D]. 东北师范大学,2006.

[3] 李丹,潘飚. GeoGebra 在高中数学教与学中的几点优势[J]. 福建中学数学,2014(3)：10 - 13.

[4] 杜娟. GeoGebra 软件在高中数学"协作式学习"教学中的应用探究[J]. 福建中学数学,2017(8)：47 - 49.

[5] 戴圩章."互助式"数学课堂视角下的师生双赢共进[J]. 中国教育学刊,2013(S2)：103 - 104.

（杜　娟　上海外国语大学闵行外国语中学数学教师　教龄 12 年）

第五章

设计：学与教的真变革

15.　"大概念"引领复学第一课

随着"核心素养"理念的普及，我们也在思考美术学科教学如何践行"核心素养"理念的问题：什么样的课堂才能落实核心素养目标？指向核心素养的美术课应该怎么上？"大概念""大观念"的提出，似乎很好地解决了我们的困惑。但是，如何借助"大概念"指导、设计课程，进而实施课程？这究竟是一种怎样的体验？对此，我们还需在具体情境中慢慢摸索。

2020 年，一场突如其来的"疫情"给常规教育带来了困难和挑战，促进了在线教学的发展与蓬勃。而"后疫情时期"也为我们营造了教育契机——学生迫切需要什么？他们在特殊时期最渴望倾听什么？是美术技法，还是走近名作？如果都不是，那是什么？"艺术与灾难的关系"以及"艺术在灾难时期的特殊功能"，这些是学生在疫情危害中对艺术学习产生的怀疑，是教师能够普及的学科知识，也是学生希望从学校教育里感受到的温暖。基于这一有利契机，我们在美术学科中借助"大概念"对复学初期学生实施核心素养教育。

一、以"大概念"触动核心素养时代课堂教学的挑战

（一）核心素养在特殊时期的意义

疫情留下的思考不止于"自然·医学·健康"领域，这场关系到人类命运共同体的现代"瘟疫"的警示作用不言而喻。对教育而言，我们前所未有地感受到"核心素养"的必要性。例如，疫情时期在线学习时，多少学生能够在父母不监管的状态下完成学习任务？多少孩子能够对人类命运感同身受？多少青少年能够愉快安稳地度过这段没有同伴、缺少人际交流的时刻？多少孩童能保证完全意义上的心理健康？多少人能真正不受疫情影响？这些问题启发了一种思考：核心素养教育时代真的来了。作为教育工作者，我们必须为培养"全面发展的人"做十足而完全的努力和准备。

就美术学科而言，"图像识读""美术表现""审美判断""创意实践""文化理解"这五大核心素养目标，在疫情时期对应的学生能力是"识别和鉴定网图（新闻）真假及内涵""用美的形式法则与方式表达对疫区工作人员的情感""判断新闻工作者的工作水平和舆论高度""创造性解决问题，以自己的方式参与抗疫""保护与传承意识，认同其他国家和地区的先进做法并理解其文化"等。

（二）"大概念"触动课堂教学的意义

所谓"大概念"，就要有"大"的特征，即指一个学科之中那些整体而非零散、基础而非发散的概念。有研究者在《大概念统摄下的单元教学设计》一文中写道："学科大概念是指向具体学科知识背后的更为本质、更为核心的概念或思想，它建

立了不同的学科知识间的纵横联系。"①对美术学科来说，假如透视画法是"小概念"，解决的是技法问题，那么"透视原理"则属于"大概念"；假如疫情海报设计是"小概念"，那么艺术的特殊功能与价值就是"大概念"。

站在"小概念"角度的课程解决的是相对小的问题，学生从中获得的可迁移性能力相对较弱；而立足"大概念"角度设计并实施的课堂，从教师理念到实施策略都相对"高位"，通常能解决较大范围内的认知与运用问题，学生举一反三的能力也会相应提高。因此，类似"杠杆原理"，"大概念"引领下的课堂教学于学科内涵而言意义更大，能撬动"核心素养"教育的机会也更多。

二、以"大概念"触动核心素养时代课堂教学的实践

基于"后疫情时期"复学阶段第一次课的定位，"艺术与灾难的关系""艺术在灾难时期的特殊功能"成为学生普遍关心以及笔者重点考虑的主题。因此，这二者成为这段时期美术课堂的"大概念"主角，也促成了特殊时期"核心素养"教育的具体实践。

（一）实践的过程

"大概念"的现身方式，是"问题"＋"情境"——以问题的形式出现，营造促发学生深度思考的情境。在"大概念"的引领下，在若干个被分解的小问题中，在"欣赏、讨论、交流、质疑、提问、判断"的过程里，学生们将对疫情期间艺术的种种思考一一拿到台面上分析、理解。在视觉图像与思维交互中，学生们将对艺术的功能与表现等的理解上升到人类共同情感这一层面上来。最后，学生们怀着一种历史

---

① 顿继安，何彩霞．大概念统摄下的单元教学设计[J]．基础教育课程，2019(18)：6-11.

的责任感与中学生的使命感,在轻松愉快的气氛中为尚未复课的小学生们绘制有关疫情的校园宣传海报。

(二) 实施的策略

以"大概念"触动核心素养时代课堂教学的实践分 2 课时进行,具体实施分为"三步走",这"三步走"策略的精心设计与环环相扣,体现了以"大概念"触动核心素养时代课堂教学的可行性(见图 1)。

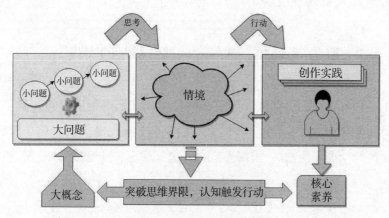

图 1　以"大概念"触动核心素养时代课堂教学的"三步走"策略

1. 策略一:提出问题,抛出大概念,引发思考

复学后的第一节课对师生而言都有些恍如隔世,在寒暄几句后,教师抛出了几个引发深度思考的问题,如"疫情期间全国掀起了抗疫作品绘画热,你怎么看""新冠病毒来袭无疑是场始料未及的人类灾难,你认为艺术在这场灾难里起到了什么实际作用""特殊时期,艺术是必需品吗"等。这几个问题将学生们的思绪带入了概念的主题情境中,引导学生在具体范围中深度思考。

　　其中有几次"高光时刻"，对于促成师生的思考非常有意义。比如导入环节，教师以追问的形式连续抛出三个层层递进的问题——"疫情时期你关心艺术方面的新闻了吗""你参加各类宣传抗疫的绘画比赛了吗""你觉得绘画于这段时间有什么帮助"，最后落脚在"你认为在特殊时期，艺术有什么用"这个问题上。摘录一段师生对话如下：

> 师：同学们，通过以上思考，你认为在特殊时期，艺术有什么用？
>
> 生1：完全没用，一点儿劲儿都使不上。
>
> 生2：没什么用。
>
> 生3：还是有一点用的，至少可以舒缓人们的情绪，让我们感到放松。
>
> 生4：有用，比如绘画可以记录现实。
>
> 生5：有用，在新闻里配上摄影作品，有图有真相，我们爱看。
>
> 生6：绘画作品表达的是人类共同的情感。

　　从这六类声音中可以发现，教师提出的并不是什么"了不得"的大问题，而是与生活休戚相关的内容；学生的回答并不需要过多的深思熟虑，往往是自己的生活经验与个性理解。但在教师的引导下，随着交流的深入，这种浅层思考慢慢显露出一种"渐入佳境"和"逼近真相"的深度感。

　　由上述内容可知，须用一种合适的方式抛出"大概念"，比如提问。作为学科本质内核的"大概念"通常不是最接地气、最易被学生理解的内容，因此，须设计能贴近学生生活与需要、能贴合学生实际经验、能勾起同类联想的问题，这对于抛出及内化"大概念"十分必要。一方面，教师必须科学设计指向"大概念"的问题；另一方面，教师在课堂实践中要耐心发问，仔细倾听学生的回答，抓住关键点继续深度启发。

　　这一策略着重强调在实施以"大概念"触动核心素养时代课堂教学的初始阶段,采取有效提问并注重提问内容的设计,即"大概念"的前身——这种"现身"也许不会一步到位,通常需要围绕"大概念"进行多次提问,直至逼近内核,引发学生真正的思考。

　　2. 策略二:创设情境,化大概念为小问题,突破思维界限

　　"大概念"的本质,不一定那么容易被抓住,因此在策略一的基础上,采取进一步强化的举措,这就是策略二——"以大化小""创设情境"。基于导入环节的问题,在新授课初始阶段,教师分别讲述了三起史上较大的"瘟疫"事件,如"1910年东北大鼠疫""非洲埃博拉""欧洲中世纪黑死病",和学生探讨这些曾危及人类生存的灾害之影响。随后,在若干幅世界名作与现代"网红"抗疫作品的赏析中,领会各个时期绘画在灾难中的作用(艺术的功能)以及人类的普遍情感。在追溯历史和以绘画作品为佐证的观察与分析中,学生进一步理解"艺术与灾难的关系""艺术在灾难时期的特殊功能"两个大概念问题,尤其是感受到"艺术的功能除了记录,还能普遍反映特殊时期人类的心理与情感倾向"这层意义。

　　无论是贴合"大概念"的历史事件呈现,还是绘画作品的深度欣赏,都是对"大概念"的情境加持与过程分解,都是希望将大概念化为各种小问题,辅助破解思想疑惑,促使学生从各角度再思考、再理解,以突破思维界限。

　　例如,在师生探讨"1910年东北大鼠疫"事件,谈及当时的抗疫领军人物、公共卫生学家伍连德①以及他的三个有效办法——"戴口罩""隔离""尸体焚烧"时,笔者通过一个接一个的启发式问题,直接引发了学生对当下新冠病毒防治的联想。

---

① 伍连德(1879年3月10日—1960年1月21日),字星联,祖籍广东广州府新宁县(今广东台山市),出生于马来西亚槟榔屿。医学博士,中国卫生防疫、检疫事业的创始人,1935年诺贝尔生理学或医学奖候选人,是华人世界的第一位诺贝尔奖候选人。伍连德指挥扑灭了1910年在东北爆发的肺鼠疫,这是中国有史以来第一例由科学防疫专家实践与政府行为相结合、得到有效控制的大型瘟疫。

通过古今对比以及联系现实，学生们纷纷发表想法："是啊！我们现在也是这么做的。""没错，我们做得对。""为什么有些国家不采纳这些有效的办法呢？""历史证明我们是对的。"……此时，这场关于"人类命运共同体"的探讨和思考，通过学生们的共鸣感与同理心达到了峰值。

通过运用这一策略，"大概念"被小问题以及它们的反馈和生成的声音渐渐地拼出了模样。这样，"力"和"反作用力"将"大概念"的思考带入了看不见的"深洞"中，这股合力无形之中引领学生们增加理解深度、拓展思维宽度，这就为下一策略的实施准备了充足条件（见图 2）。

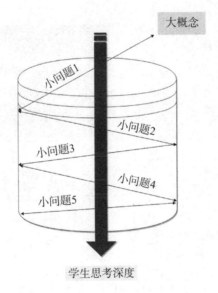

图 2　化身为小问题的"大概念"对学生突破思考边界的作用

3. 策略三：超越任务，化认知为行动，强化理解力

在基本理解了"艺术与灾难的关系""艺术在灾难时期的特殊功能"的概念之后，教师简要介绍海报制作要素并指导学生进入设计创作环节。学生通过手绘或

电脑设计,将想要表达的情感内容以适当的图片素材与文字形式加以呈现,并配以恰当的美术表现技法,如色彩、字体、构图等。这部分内容在 1 课时内完成。

在学生交来的各种作业中,不少学生在作品最后写道:"向战斗在一线的白衣天使致敬!""给那些看不见的英雄鞠躬!""老师,我从创作这幅海报中不仅理解了海报与小报的区别,更理解了艺术的作用。"……这些话语,是学生真情实感的流露,也是按照传统教学思路无法轻易企及的情感水平。从技法要素上来讲,"海报创作"的难度没变,还是原来的那些——构图、色彩、字体等,但从情感要素上来说,学生赋予这幅海报的情感成分比以前增进很多(见图 3)。

图3　我校中学生疫情海报作品组图(2020 年 5 月)

这得益于"大概念"理解在先，把创作任务上升到"超越创作"和"文化理解"层面的教学思路。这一策略的重点是"眼'高'手'低'"——学习的落脚点是"创作"但不止于创作，方法是"重'理'轻'文'"——重视学生的理解而非单纯的技巧表现。在"大概念"引领下的美术创作，学生在学习驱动力、理解力以及创作达标度等方面的表现，比传统课堂更好。

(三) 实践的效果

在以"大概念"触动核心素养时代课堂教学中，策略实施的效果主要从教师和学生两个方面得到体现。

1. 促使教师改变观念、调整方法，重新焕发教学热情

笔者与团队在"后疫情时期"的教育契机下，结合中学生的心理状况，发现需要一场不同寻常的美术课来抚慰学生心灵。尤其是在事关"人类灾难"命题的特殊时期，必须要让学生懂得艺术学科存在的价值与意义，因此引出了这次思考及课堂实践机会。通过课堂实践笔者发现，同样是教学，概念引领比平铺直叙更能入木三分，问题巧思比"野蛮生长"更具教育智慧，制造情境比"单刀直入"更能打动人心。例如，对于"灾难"概念下的问题，学生联系历史上同样性质的事件进行前后对比推导；对于"艺术功能"概念，学生在这一维度上发散思考并得出了相关结论。这些积极的课堂表现印证了"大概念"对于教师教学的有效的带动作用。

由此说明，若教师率先迈出教学改革的第一步，破传统教学之桎梏、调不易缓解之矛盾、用反向思维之方法，不仅能营造教学与课堂的新气象，更能重新焕发自身的教育热情，找到职业发展新的增长点。

2. 促进学生理解艺术、调动情感，激发学习兴趣

通过上述策略的应用以及具体课堂实践，学生普遍认为这节课欣赏、探析绘画作品的方式与以往不同，其感受与解析也变得相对"专业"，感到"接近了艺术学

习的真谛"。对此,学生普遍给出的理由是:"站在更高一级的地方仿佛看到了艺术的真正价值。"学生的海报作品也彰显了其内心对全球抗疫的情感回应,以及想要帮助他人、注重疫情防控的责任感。这些实践效果表明,"大概念"对于实现学生核心素养的培养亦是"有机可乘"的。

由此说明,借助"大概念"的美术课堂教学,比传统教学更易"植入"艺术的自然感情,让学生对艺术学习产生好感,进而调动学生想要亲近课堂、理解艺术的主动性,增强艺术深度学习的体验感。

三、以"大概念"触动核心素养时代课堂教学的思考

在整个实践过程中,对于如何通过"大概念"引领下的课堂教学落实核心素养目标,笔者有三点思考。

(一)"大概念"跳出单一课时思维,带动系统单元链设计

聚焦"大概念",深挖艺术背后的情感与社会功能,立足于学科核心本质的课堂教学,更容易引发学生对学科意义的思考,以及跨学科甚至超学科的探索。因为"大概念"所蕴含的效能不是一节课能覆盖的,许多老师也会感觉到,一节课对解读"大概念"来说"意犹未尽"。基于这一点,"大概念"教学直接产生的影响是:激发教师建构对某一大概念的完整系统的思维框架,化想法为行动,在备课时进行单元化设计,将"大概念"整体思考融入其中,形成较为完备的单元及单元链设计。所谓单元链设计,可以理解成教学内容单元化后的更高级设计——将每个单元按照"大概念"思想串联起来,彼此相互支撑与连接,从而形成学期、学年乃至整个学段的学科系统设计。

比起单课时的碎片化课堂,建立在"大概念"基础上的教学,更便于从整体观

出发，思考授课的内容、方法、技巧与评价，将教、学、评进行一体化考虑，更大化地调动教学积极性，并实施"完整、优质"且"有深度"的学科系统教学，从而深探学科本质，触发学科外沿。

(二)"大概念"克服无效提问现象，形成有效的问题连环串

课堂提问的设计，一是基于有效的教学设计，二是基于动态的教学生成，二者相互补充。但在实际教学时，许多情况下学生的动态并不总是按预期发展的，故教师提问也易受其影响，主要体现为发问随意、提问重复、设问无效、问题串无逻辑等。在"大概念"引领下，教学设计更为系统化，因此能够引导教师在设计问题时，围绕"大概念"形成有效的"问题串"，即围绕某个课堂环节或针对某个难点的一连串问题。久而久之，教师设计问题的能力，以及围绕有效问题或问题串所形成的学科逻辑思维能力得到加强，更好地推进核心素养时代的"大概念"课堂教学，提高教学技能，提升教育质量。

(三)"大概念"突破扁平评价方式，调整动态发展评价观

在以往的教学中，美术教师大多只会关心学生的课堂作业或课后作业，这是由于授课班级与学生人数过多，教师无暇给予更多关注。然而"大概念"引领下的教学中，由于课堂建构一开始就处于较高水平——不盯着某个点或某一种技法，教师自然就不会过度关心课堂作业，即只强调结果性评价。这种站在较高位置看待学生通盘表现、自然而然的多元评价过程，主要体现在"观察式""作业式""量表式""访谈式""展演式"这几种过程性评价方式的运用上。

如在"观察式"评价中，教师通过观察，留意到有效提问下学生的群体感受与学习积极性有了质的变化；在"作业式"评价中，教师发现弱化作业结果能带来更多成效——原来作业在师生心目中没有预想的那么重要，它只是思维的"果子"；

在"展演式"评价中,学生从学校防疫海报展览中懂得责任与创作的力量。基于"大概念"视角,这些多元评价的影响,早已超出了课堂本身,成就了学科教学的内涵及外延。对"大概念"引领下的课堂教学来说,多元评价方式的自然运用是艺术教育最好的注脚。

通过"后疫情时期"复学第一课的实践和反思,笔者认识到"核心素养"目标于一线教师的意义在于:改变教学观念,教师需要提升学科感官高度并打开视野,学会立足学科知识"大概念",积极实践与改进,从而对教与学双方产生积极影响。同时也要学会分解"大概念",将之化为若干个能够推进课堂演变的小问题,并最终落实到某一具体表现形式上。此外,不因重视"大概念"教学而忽略或排斥学科的"知识与技能",让"大概念"和技能教学二者合理并存。

参考文献

[1] 顿继安,何彩霞.大概念统摄下的单元教学设计[J].基础教育课程,2019(18):6-11.

[2] 钱初熹.以扩展与挑战培养学生核心素养的"大观念"视觉艺术课程研究[J].美育学刊,2019(4):7-15.

[3] 尹少淳.在少儿美术教育中融入"大概念"[J].美术,2018(7):18-19+21.

[4] 王大根.基于美术核心素养的大单元教学[J].中国美术教育,2019(6):4-10.

[5] 张华.论学科核心素养——兼论信息时代的学科教育[J].华东师范大学学报(教育科学版),2019(1):55-65+166-167.

[6] 李敏."鼠疫斗士"伍连德[J].文史春秋,2020(2):18-23.

(白云云 上海市实验学校东校美术教师 教龄 15 年)

16.　农村学校实施项目化学习的三大策略

近年来为加快推进乡村教育现代化，国家投入了很多资源，使乡村教育的硬件设施得到了极大提升。但由于现代化的教学理念没有完全跟上，乡村教育现代化的效果往往不能尽如人意。Z校是位于 Y 县城乡交界处的一所乡村小学，教学质量一直远远落后于县城小学。近年来学校响应国家号召，努力促进乡村教育现代化，开展 STEAM 教育。因课程改革照搬城市学校而造成水土不服，加之师资有限，以及学校财力资源限制，课程改革中出现了"课程设计程序繁杂、课程内容脱离常规课堂教学、课程实施不契合乡村现状"这样的问题，课程改革的成效并不明显。

依据有关文献研究，STEAM 就是项目化学习的一种，只不过它比较偏向项目化学习中的学科整合领域，而项目化学习包含的领域更广泛。相较于学科拼盘式的 STEAM 教育，素养融合式的项目化学习是基于真实情境和问题的跨学科学习方式，可以包容不同风格和类型的学生，尤其是对在传统教育环境中学业表现不良的学生,项目化学习更有利于挖掘他们的潜能。[1]

为解决在课程改革中遇到的问题,有效促进乡村教育现代化,Z校借鉴了上海和温州的有关研究成果,开发了一批富有乡村特色的移植性项目。经过一系列探索研究,Z校形成了乡村教育现代化视域下项目化学习的实施策略,包括:精简化策略、微项目化策略、本土化策略。

一、精简化策略

我们把课程设计从六个步骤精简为三个步骤,提供了一条简便易行的课程设计思路。近年来,在国家政府的相关政策和制度扶持下,乡村教育环境有了极大的改善,硬件办学条件有了很大提升,乡村教师待遇得到较大提高,然而资源的大量投入却并未快速复兴乡村教育,其中一个重要原因是乡村教育资源转化能力低,大大阻碍了乡村教育现代化前进的脚步。[2]

Z校对本校20位教师进行访谈调查,了解到教师们普遍认为Z校之前实施的STEAM教育挺复杂,不能理解,课堂上不易实施。为促进乡村教育现代化,县里为Z校配备了充足的技术支持,保证Z校每周开展一次STEAM的相关活动。一节STEAM公开课需要复杂的设计步骤,有时学校还会为每位学生准备iPad,但是由于乡村小学师资和课程资源有限,最终Z校呈现的STEAM课堂通常都是一些比较简单的科学实践活动课,对学生的学科学习不能起到较大的促进作用。

上海市教科院夏雪梅团队提出的项目化学习是系统的学习设计,涉及六个维度,也是实际设计项目化学习时可以参考的六个步骤:(1)寻找核心知识;(2)形成本质问题;(3)澄清项目的高阶认知策略;(4)确认主要的学习实践;(5)明确学习成果及公开方式;(6)设计覆盖全程的评价。[3]

根据Z校这所乡村小学目前的现状,采取繁杂的课程设计显然并不十分合适，因此 Z 校在移植项目化学习的时候，根据本校教师和学生的实际对夏雪梅团队的项目化学习设计进行了相应的精简化，精简了步骤，保留了项目化学习的核心价值观。精简后的项目化学习只涉及三个维度，在实际教学中分为以下三个步骤：(1)基于真实情境，构建核心概念；(2)提出并实施不同层次的学习策略；(3)评价学习情境和学习成果。

下面以移植性项目"迷失"为例，展示精简后的项目化学习三个步骤在实际教学中是如何操作的。

(一) 提出问题：基于真实情境，构建核心概念

情境：由于迷路，周末去爬山的小组成员被困在山上某个不知名的地方。小组成员必须根据所困之地的特定环境来决定如何生存下来，获得救援。

问题：如何在陌生环境中生存下来并向外部求救？

核心概念：救援，环境，生存。

(二) 实践交流：提出并实施不同层次的学习策略

层次 1：调研——初步进行人员分工，调研被困地点环境。

层次 2：系统分析——目前所有小组成员的身心状况和物资储备。

层次 3：决策——对人员和物资进行合理分配。

(三) 成果发布：评价学习情境和学习成果

1. 建构实施《学习情境赋分量表》

一个好的项目设计需要一个合适的情境才能实施，因此，Z 校设计了《学习情境赋分量表》，根据不同情境中的项目实施难度，将各个维度的不同难度水平进行自然赋值，方便教师对即将实施的项目化学习做好准备。

对于"迷失"这个项目,分析如下:本次的学习情境为"荒野求生",属于探究情境;小组成员中只有学生,没有其他社会身份的人员,且情境地点只安排在山上,因此情境主体单一;情境出示的时候没有明确的操作制度,全程由小组成员互相配合,情境制度不明,不易操作;为了更贴近乡村小学实际学情,本情境将原项目"迷失"的情境主题进行了简化,抛去了"探索人类文明创建"这一大主题,保留了"荒野求生"这一比较易懂的主题,情境主题单一;本情境改编自国外项目"迷失",同时参考了夏雪梅《项目化学习设计》一书中的设计,情境模式属于借鉴;本项目比较适合放在每单元结束后的综合实践活动课中,情境实践放在每个单元后。

2. 建构实施《学习成果评价选项单》

为了更科学合理地对学习成果进行评价,Z校还设计了《学习成果评价选项单》。本次学习成果是关于户外生存的成果展示,因此作品展评是比较合适的学习成果评价手段,学生可以通过将荒野求生的经历写成成长日记、绘制成宣传海报在班级里、学校走廊上进行展示。

从六步到三步,精简后的项目化学习课程设计的步骤更清晰,目标更明确,评价更契合乡村学校的学生,同时又保留了项目化学习中最精华的内容,为乡村教育现代化提供了一条简便易行的思路。

二、微项目化策略

我们对课程内容的设计采用"五单五环"的微项目化策略,形成了层次合理、结构分明的课程支架。早前在 Z 校开展 STEAM 课程的课前培训时,主讲导师介绍 STEAM 教育是一种十分现代且先进的教育,能有效提升乡村学生的个人素养,但是教师们在实施的过程中发现 STEAM 课在乡村小学的课堂中显得太过"时髦另类",无法在当前乡村学校的日常课堂教学中扎根落实。

夏雪梅等提出有五种实践形态：探究性实践、审美性实践、技术性实践、社会性实践、调控性实践。这五种实践形态是彼此交叉与融合的，在每一个项目化学习中，至少会涉及三种实践形态。其中，探究性实践、社会性实践和调控性实践是不可或缺的。而在STEAM这样的跨学科设计中，五种实践形态几乎是全覆盖的。

后来，Z校基于乡村小学现状，把常规课堂拆解成一系列的微项目，即把一节常规课的几个主要环节设计成简单易操作的微项目，同时移植借鉴了STEAM的教育理念，为乡村教育现代化提供了简便易行的课程支架。

在实施"五单五环"微项目化策略的过程中，Z校总结出了以下三个适宜在乡村学校实施项目化学习的层面。

（一）学校层面："五单五环"微项目化的设计路径

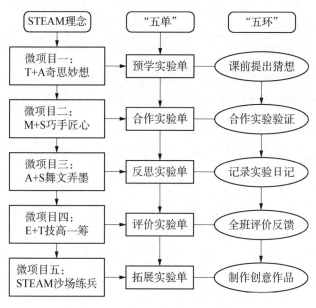

图1　微项目化设计路径图

本项目化学习将一节课分解为五个微项目,借鉴了 STEAM 统整课程观,其中 S 表示科学,T 表示信息技术,E 表示工程学,A 表示文学艺术,M 表示数学。

基于五个微项目设计了"五单"作为学习工具,用以支持学生的学习活动。"五单"是整合在一张实验单上的五个部分,包括:预学实验单、合作实验单、反思实验单、评价实验单、拓展实验单。基于"五单",本项目化学习还设计了"五环":课前提出猜想,合作实验验证,记录实验日记,全班评价反馈,制作创意作品。"课前提出猜想"环节,借助"预学实验单",对项目化学习做好充分而科学的课前准备;"合作实验验证"环节,借助"合作实验单",在项目化学习上开展必要的合作交流;"记录实验日记"环节,借助"反思实验单",对项目化学习上的实验活动进行反思;"全班评价反馈"环节,借助"评价实验单",师生共同对项目化学习进行有效合理的评价;"制作创意作品"环节,借助"拓展实验单",将项目化学习中学到的知识在课后进行拓展提升。

(二) 班级层面:移植性项目"认识面积"教学流程

将常规数学课里的每一个教学环节进行微项目化设计后,形成了以下教学流程。

环1:初探面与周长的关系;环2:探究时间和空间的关系,深入认识面;环3:开展实验,用小面铺出不同形状的大面;环4:诊断学习情况;环5:师生双方进行学习评价。

单1:提出学习问题;单2:描述时间和空间的关系;单3:实验操作,得出结论;单4:分层练习,诊断学情;单5:评价学习,提出建议。

项目学习策略:从"时空观"这一大概念展开教学,融合多种学科素养。

（三）个体层面：学生个人学习案例"认识代数式"

例如，在"认识代数式"这节数学课上，在利用学具完成"合作实验单"上的活动项目后，学生利用"反思实验单"进行了一系列自我反思活动：根据"爸爸和孩子年龄差是固定不变的"这个数量关系自主设计了一系列含有字母的代数式，还写出了一篇充满数学味道的反思日记，体现了语文和数学的有效结合。以乡村小学学生的基础来说，这些是在其能力范围内可以做到的，学生在完成数学实验活动后能及时有效地进行反思，并且以简洁生动的语言文字和科学分类表格的方式将代数式加以列举。

"五单五环"微项目学习，结合了项目化学习和 STEAM 理念里最精华的部分，同时更贴近乡村学校的常规课堂，让国际上的先进教育理念更接地气，为乡村教育现代化的实现提供了一种新范式。

三、本土化策略

我们把楠溪本土资源环境融合到课程实施中，形成了因地制宜、因人制宜、因时制宜的课程特色。长期以来，城乡发展的不平衡致使乡村教育一直处于"城市附庸"的状态，失去了原有的生命力和发展活力。我们必须重新确立乡村教育的目标，以乡土文化、乡村生活的视角去审视当下的乡村教育，真真切切地深入关注乡村学生的生存状态。[4]

Z 校此前曾移植过上海市嘉定区清水路小学的"机器人与未来出行"这一学习项目。嘉定是国际汽车城，这样的项目是非常符合当地学生的生活背景的，但是 Z 校是偏远落后的乡村小学，由于不具备专业的科学老师和信息技术老师，且乡村师生日常对机器人等电子设备的知识储备量很低，因此"机器人与未来出行"这一学习项目和 Z 校的现状不相符，最后也没有开展下去。由此，Z 校得出这样的结论：成功的项目移植应该是因地制宜、因人制宜、因时制宜的，城市学校有城市特色，而乡村学校有乡村特色。

Z校位于楠溪江畔，由于自身地理条件，拥有丰富的自然资源优势，同时作为校网优化整合学校，在2018年和××小学合并，生源差异大。为了融合不同类型的生源，Z校针对具体生源状况，开展了一周一次的校本课程"楠溪耕读小队"的项目化学习，尊重差异，为不同类型、不同特点的学生提供多层次、多种类、可选择、适宜的学习活动，以满足不同学生的个性发展需求。

在移植借鉴上海夏雪梅团队"项目化学习"和温州市陈素平团队"乡村田园课程设计"等经验的基础上，结合移植性项目"楠溪耕读小队"，Z校总结出了以下三种适宜在乡村学校实施项目化学习的主题。

（一）古迹主题

古迹主题因地制宜，村校联合对当地文化资源深入解读，并加以合理开发利用。楠溪江地理位置偏僻，呈口袋形，外小内大，交通极为不便，唯有一条41省道可进入。由于交通条件差，信息也闭塞，在各种古代文化传承下来的时候，除了像"耕读古迹"这样的精神瑰宝，也有一些比较落后的思想。"楠溪耕读小队"的项目化学习取其精华、去其糟粕，选择合适的耕读古迹文化资源进行开发利用，推动村校加强沟通合作，处理好村落和学校对楠溪江耕读文化的不同解读。

例如，楠溪江畔的许多文化古迹集中体现了山水文化与建筑文化的高度结合，继承了以楠溪山水为纽带的艺术文脉。因此，"楠溪耕读小队"课程中的其中一个案例是以探访调查楠溪江畔文化古迹为主题的项目化学习，学生亲自深入村落，探访文化古迹，采访当地村民，有效促进了学生和村民对楠溪耕读文化的全面理解，更为乡村教育现代化打下了良好的基础。

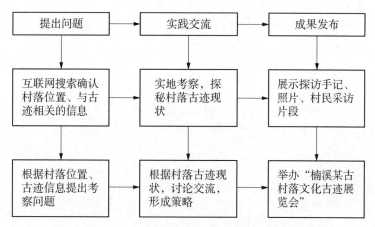

图2 "楠溪耕读小队"古迹主题项目化学习的基本流程

（二）人文主题

人文主题因人制宜，村校联合对当地居民深入了解，进行细致的沟通，并给予关怀。村校联合以助寡扶贫为己任，是项目化学习与楠溪江耕读文化资源全面整合的重点项目。"耕"可致富，"读"可荣身，穷则独善其身，达则兼济天下。"在自己能力范围内选择合适的方法帮助别人"是先人给我们永嘉学子留下的宝贵的精神财富，这也是"楠溪耕读小队"的主题思想之一。

Z校在和村委会做好相关沟通之后，每周组织学生去村里做好孤寡扶贫踩点工作，为村里的孤寡老人、贫困户送去相关的资助。在此过程中，学生可以发挥自身的能力，为贫困家庭的儿童带去可读的书籍，为学习有困难的村中儿童提供适当的课业辅导。这一切都是学生在能力范围内可以实施的帮助，比起一些捐钱捐物的活动，显得更难能可贵，是项目化学习和耕读文化结合的典范，更为乡村教育现代化的实现提供了一种新路径。

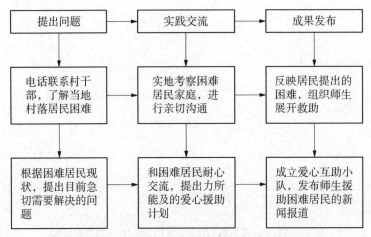

图3 "楠溪耕读小队"人文主题项目化学习的基本流程

(三) 四季主题

四季主题因时制宜,村校联合设计定时、定量的项目活动,随时根据实际情况进行灵活机动的调整。一校一村一季一次,定制实施合适的项目活动,是项目化学习和楠溪江耕读文化资源整合的必经途径。学校根据所在村落四季的实际情况,开发适合学生项目化学习并且符合村落实际情形的活动,首先将定量标准设为一季一次,若实际情况有所变动,再做相应的调整。

例如,每年春季,踏青游客在楠溪江畔留下了大量垃圾,楠溪江畔的生态遭到了极大的破坏,村民们对此意见颇大。因此,Z校在开展"楠溪耕读小队"课程时,会增设环境保护的内容,除了组织学生去楠溪江畔捡垃圾外,还会让学生就楠溪江目前旅游业发展带来的经济利益和环境生态破坏提出自己的想法,设计一些有效的措施来协调二者之间的平衡。此举帮助学校在楠溪江畔掀开了环境教育的扉页,也成了项目化学习的重要一环,为乡村教育现代化提供了新的启示。

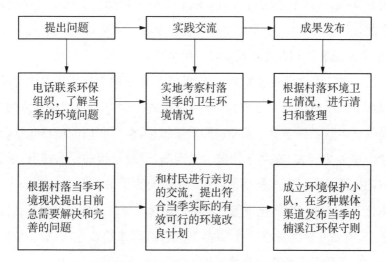

图 4 "楠溪耕读小队"四季主题项目化学习的基本流程

以项目化学习为特色的"楠溪耕读小队"课程获得了温州市德育精品课程二等奖。课程由班级分小组合作,每组 5 人共同完成一个具有楠溪特色的学习任务,学生在互帮互助的项目化学习过程中提升自身核心素养的同时,学习了更多的楠溪江畔的风土人情,这为乡村教育现代化树立了典型案例。

四、反思与总结

乡村教育现代化视域下的项目化学习要实现四化：本地化、项目化、儿童化、未来化。

本地化：Z 校目前已初步形成了乡村教育现代化视域下的项目化学习实施策略,未来,在实施乡村小学特色的项目化学习中还会涉及大量的问题。对此,乡村小学须始终遵循本地资源特色,在借鉴移植城市学习成果时,谨记要移植的是城市先进的教育理念,而不是城市生活。根据学生和教师的实际情况,结合农村土地上丰富的自然资源,乡村小学也可以在促进学生学习素养的发展上形成自己的特色,为促进乡村教育现代化建设贡献一份力量。

项目化:项目化学习要结合多学科,形成符合乡村学校特色的学习项目。学习素养视角下的项目化学习是有深度、有质量的。学习成绩还是要抓的,因为高考始终是改变多数乡村学生未来命运的重要指标,但是我们的项目化学习以提升学生的学习素养为前提,有利于挖掘学生潜能,激发学生的使命感、目标感,让学生看到自己生活的乡村乃至整个世界正因为其努力学习而发生改变。

儿童化:乡村教育现代化视域下的项目化学习应该是基于乡村儿童视角下的项目化学习,遵循儿童的身心发展规律,形成自然而然的教育,在真实情境和自然场景中让乡村学校儿童的学习自然发生。

未来化:乡村教育现代化视域下的项目化学习应该是为帮助儿童面向未来、挑战未来而设计的学习。2015 年,联合国发布《2030 年可持续发展议程》,其中提出了 17 项可持续发展目标,致力于建设一个更加公正和可持续的世界。可持续发展的教育能胜任职业变化的需求,是指以能力为指向的教育,而不是以技术为指向的教育,要有未来的遇见能力,在问题出现以前就做出干预。每一种文化都有优缺点,我们要教会儿童学会反思,具有批判性的思考能力,既不能全盘反对,也不能全盘接受。只有面向未来的项目化学习,才能帮助学生应对未来的挑战,从而为促进城市化进程和新农村发展贡献自己的一份力量。

参考文献

[1] 陈素平,缪旭春. 基于学科的项目化学习设计与实施样态[J]. 上海教育科研,2019 (10):38 - 43.

[2] 袁梦. 场域视角下乡村教育资源转化能力问题研究[D]. 南京大学,2019.

［3］夏雪梅．项目化学习设计：学习素养视角下的国际与本土实践［M］．北京：教育科学出版社,2018.

［4］杜尚荣,刘芳．乡村振兴战略下的乡村教育：内涵、逻辑与路径［J］．现代教育管理,2019(9)：57－62.

（陈娟娟　浙江省温州市永嘉县上塘峙口小学数学教师　教龄９年）

17. 田园课程中的项目化学习

　　项目化学习(PBL)又译为"基于项目的学习",最早源于杜威的"做中学"教育理论。我园在开发"田园课程"的过程中,遵循"挖掘乡土资源,促进农村幼儿发展"的原则,尊重幼儿身心特点和发展需要,引导和鼓励幼儿通过直接感知、实际操作和亲身体验与周边环境进行积极互动。[1]本文以"认识山芋"项目为例,介绍在田园课程中开展项目化学习的做法和经验,即通过问题设计、项目探究、成果分享、学习评价四个基本流程来组织设计和实施田园课程。

一、驱动性问题设计

　　在以往的田园课程中,虽然为幼儿创造了真实的学习和游戏场景,但是,终因预设内容太多而使幼儿处于被动学习状态,加之课程偏重知识、技能的练习,忽视了幼儿情感、态度方面的发展,课程优势并不明显。项目化学习通过问题引发幼儿对事物的思考与探索，其中驱动性问题的设计是关键要素和实施起点。

（一）将具体问题提升为更本质的问题

在设计与实施田园课程过程中，为了尽快让幼儿学会知识，老师设计的问题过于具体，如"山芋的茎与其他植物的茎有什么不一样"，导致答案具有唯一性。如果将上面的问题改成"山芋与其他植物有什么不一样"，那么孩子不仅要认识匍匐茎、直立茎、攀缘茎，还要将其各个部分与非山芋类的植物进行逐一比较。这样的问题不仅去除了其中具体的细节部分，而且指向了问题的本质，驱动幼儿进行深度学习。

（二）将问题和幼儿生活情境联系起来

现代教育提倡借助真实情境，通过解决真问题促进孩子发展核心素养。田园课程依托农田、荷塘、树林、村庄等场所及其相关资源开展教育活动，因此，设计的问题要与幼儿的生活情境产生关联。芒种前后，当地农民有栽种山芋的习俗，幼儿耳濡目染，了解山芋栽种需要整地施肥、整枝打叶、除草追肥（提苗肥、结薯肥、坼缝肥）等过程。"山芋栽种的'？'"就是关联幼儿生活情境的问题，能更好地激发幼儿的学习欲望。

（三）将事实性问题转化为概念性问题

将项目化学习融入田园课程中时，我们发现幼儿经常会提一些看上去是事实性问题，但又不完全是事实性问题的问题，这些问题富有童真和趣味。例如，"蚯蚓有心脏吗？""龙虾的眉毛在哪里？""太阳有气味吗？"……为了方便幼儿探究，我们老师需要将事实性问题抽象、转化、提升为概念性问题。比如，在"认识山芋"项目学习中，幼儿提出了许多与太阳有关的问题，如"为什么太阳会将山芋的叶子晒蔫儿"。对此，我们提出了"太阳与我们的生活"的学习概念，引导幼儿积极探究

"太阳是如何影响人们生活的"。

(四) 从幼儿那里获得驱动性问题的雏形

"以关怀、接纳、尊重的态度与幼儿交往。耐心倾听,努力理解幼儿的想法与感受,支持、鼓励他们大胆探索与表达。"[2]在田园课程 PBL 开展之前,老师调查并收集幼儿的问题,然后从中选择合适的问题并将其转化成驱动性问题。例如,通过对问题进行梳理,老师发现幼儿对山芋的栽种以及吃法非常感兴趣,因此,可以在此基础上设计驱动性问题,见表1。

表 1　关于"山芋"的问题调查

我已经知道了什么?	我还想知道什么?	我想运用这些知识解决怎样的问题?
山芋的果实长在地下。	怎样培育山芋苗?	我想自己栽种山芋。
山芋可以烤着吃。	山芋还有哪些吃法?	和同伴开一个山芋 party。
山芋可以被制成粉条。	山芋是如何被制作成粉条的?	用山芋制作粉条。

二、项目探究

项目探究主要是指制定活动方案以及对方案进行探究。项目活动方案是活动开展的前提条件,是活动的规范和旨归。我们以驱动性问题"怎样将山芋从土里挖出来"为例,分享田园课程中的 PBL 设计与实施过程。

(一) 认识问题,明确任务

"怎样将山芋从土里挖出来"成为驱动孩子进行持续讨论的话题。兰兰说:"运用工具,才能刨出山芋。""不一定,用手也能刨出山芋。"小林反驳兰兰。到底

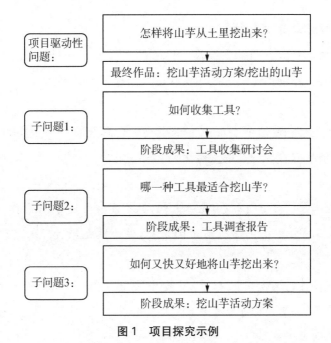

图1　项目探究示例

用什么方法才能将山芋刨出来呢？老师引导幼儿进行猜测。

猜测1：手扒开泥土，能看到山芋，手指一用力，山芋就会被抠出来。

猜测2：山芋长在茎的下方，把茎拔起来，山芋自然就跟着出来了。

猜测3："团结起来力量大"，大家一起用力，山芋就被拔出来了。

猜测4：用铁锹挖开泥土，山芋就被刨出来了

图2　孩子们的猜测

(二) 开展实验,验证猜测

在猜测过程中,孩子们虽然迁移了自己的生活经验,但与最佳方法还存在一定的距离。因此,鼓励孩子通过操作来验证其猜想十分必要。

实验一

大班幼儿更愿意通过事实证据寻求事物的合理解释。孩子们制定了简单的调查表,对照猜想内容逐一开展实验活动。

手刨山芋:用手刨山芋,泥土太硬,扒不开。太用力,手指疼。

拔出山芋:把山芋藤蔓用力向上提,结果藤蔓断开了,土里的山芋纹丝不动。

同伴协作:模仿故事《拔萝卜》的情节,孩子们一个接一个一起用力,结果藤蔓断开了,土里的山芋纹丝不动。

铁锹刨山芋:大部分山芋被铁锹铲破了。

实验结果:没有解决"怎样将山芋从土里挖出来"的问题。

对幼儿来说,科学知识的获得,须建立在他们亲身体验、实际操作与直接感知的基础上。在此过程中,孩子们通过实验活动验证先前的猜想,产生认知冲突,实现自我概念的建构,形成高阶思维,获得深度学习的机会。

(三) 认真设计,积极探究

"铁锹能刨出山芋的,可惜它将山芋弄破了。"看着眼前几只不完整的山芋,有的孩子觉得可惜。"如果有一种工具能刨出不破的山芋,就好了。""我们到网上去查查吧。"除了网络检索,他们还访问了家长以及农科站工作人员。最后,他们将收集的信息进行了分析和综合,继续通过实验的方法找出适合挖山芋的工具。

实验二

大班幼儿的科学思维已初步形成。在进行对比试验前，他们分成 4 组，分别运用锄头、铁叉（两齿）、铁叉（四齿）、钉耙四种工具刨山芋，每一组用时都是 30 分钟。

锄头：刨出 11 只山芋，破了 8 只。

铁叉（两齿）：刨出 9 只山芋，破了 3 只。

铁叉（四齿）：刨出 17 只山芋，破了 2 只。

钉耙：刨出 7 只山芋，破了 4 只。

实验结果：在相同时间内，四齿铁叉刨出的山芋数量最多，且破的最少，因此孩子们决定将四齿铁叉作为刨山芋的工具。

马扎诺学习维度框架描述了六个方面的高阶策略，分别是问题解决、创见、决策、实验、调研和系统分析。[3] 在"认识山芋"项目的探究过程中，幼儿运用猜想、实验、比较、统计、分析、总结等一系列探究活动，解决了"怎样将山芋从土里挖出来"的问题。

分成4组，每组人数
一样多，时间为30分钟。

图 3 "认识山芋"项目探究过程

综上，在"认识山芋"项目学习过程中，首先，为了凸显田园课程的优越性，我们根据幼儿身心特点以及发展需要确定学习目标，从大胆猜想到实验验证，再到四种工具的比较，每个活动环节不仅契合幼儿学习特点，而且具体、有可操作性。其次，根据班级幼儿的智能、知识、合作状况等进行分组，使每一位幼儿在活动中都能充分发挥自身优势，体现自身的价值。再次，通过行政提供平台、班级之间联动挖掘园内资源，利用家长助教、网络资料、社区机构等园外资源确定实施过程所需资源，确保活动顺利开展。

三、成果分享

当项目探究活动结束后，便进入了作品展示阶段。幼儿通过作品展示来表达他们在 PBL 中所获得的知识和所掌握的技能，以及项目活动过程中的体验、感悟与反思。[4]在田园课程中，PBL 的成果展示活动可谓"浓墨重彩"——展示场所选择最大的会议厅；参会人员有幼儿、老师，还有家长以及社区人员；LED 大屏滚动播放项目探究过程的影像资料……作为主角的项目组成员，围绕驱动性问题，阐述自己的想法以及做法，着重向观众阐述"如何做"和"怎样做"。田园课程中 PBL 的成果分享，不仅乡土味儿浓厚，更有着丰富多元的表现形式。对于"怎样将山芋从土里挖出来"这一田园课程项目学习成果，主要有以下三种发布方式。

（一）视觉艺术品创作

项目组成员通过主题绘画、手工作品展示活动成果。绘画作品有情节画、主题画、连环画等不同表现形式。

(二) 音乐、舞蹈创作

幼儿将刨山芋的过程编成儿歌，在音乐《又见山里红》的伴奏下，一组幼儿以说唱（rap）的形式进行展示，一组幼儿利用头、颈肩、手臂、手腕、腰、臀、膝盖、脚踝等身体部位，尽情表现挖山芋的情节，体现了自由、自主、愉悦、创造的精神风貌。

(三) 媒体艺术作品创作

老师和幼儿一起将"刨山芋"项目活动方案以及刨山芋的整个探究过程做成美篇，借助公众号推送给全园家长；还提炼出其中的新闻元素，在镇的"教育直通车"上刊发。

四、学习评价

(一) 对项目化学习的评价

项目化学习的评价指标指向学习目标，具有"目标—实践—成果—评价"的一致性。[5]"认识山芋"的学习评价，以是否回答了"怎样将山芋从土里挖出来"这一问题作为检验标准，将最终成果与驱动性问题相关联。在成果中，幼儿掌握了工具的使用方法，找到了最适合挖山芋的工具，了解了农具的特点，对概念知识产生了深度理解。田园课程中项目化学习的评价主要聚焦以下几个方面：

（1）最终成果是否回答了问题"怎样将山芋从土里挖出来"？

（2）最终成果中是否产生了对概念的深度理解，掌握了相关知识技能？

（3）学习实践的质量如何？

（4）在过程性的成果中是否证明了相应的学习实践的产生？

（5）在类似的情境中是否产生了迁移？

表 2 田园课程 PBL 评价类型

评价目标	评价类型	评价方法与工具	评价者
核心知识	过程性评价 总结性评价	纸笔测试、量规、表现性任务	教师
学习实践	过程性评价	量规、档案袋	幼儿自己、同伴、教师
学习过程中的成果	过程性评价	量规、档案袋、纸笔测试	幼儿自己、同伴、教师
最终学习成果	总结性评价	公开展览、指向核心概念、成果质量、成果报告的量规、对比性概念图等	幼儿自己、同伴、教师、家长、公众

(二) 对学习实践的评价

田园课程中的 PBL 包含了重要的学习实践。我们从探究性实践、社会性实践、审美性实践、技术性实践几个方面开展评价活动。在"怎样将山芋从土里挖出来"这一问题的探究过程中,幼儿与同伴先是共同探讨、制定研究方案,接着对挖山芋方法展开猜想,以及对相关工具进行调查、使用、对比和分析。这些探究性实践活动,不仅使幼儿的学习品质得到了锻炼和培养,也使其人际交往和社会适应能力得到了积极发展。另外,幼儿在 PBL 过程中还对不同类型的项目化成果和内容进行了艺术性思考,如绘画作品的呈现、肢体动作的表达等。

(三) 对学习成果的评价

对学习成果的评价,是田园课程 PBL 不可或缺的重要环节。对田园课程 PBL 总成果的评价量规设计一般包括两个方面:一是对 PBL 成果本身进行评价量规的设计,二是对 PBL 成果的公开报告方式进行评价量规的设计。[6]我们从"问题解决过程清晰""呈现方式多元"等方面对学习成果本身进行评价。将"所呈现的成果是否能够引发对这一主题的深入理解"以及"成果发布者是否运用多种可

图4　统计结果

视化形式增强报告效果"，作为对学习成果公开报告方式评价的重要标准。

项目化学习以其"问题的真实性、过程的探究性、同伴的协作性、结果表达的多样性"等优势特征，唤醒和驱动幼儿全身心地投入到问题解决之中，使其学习内动力得到提升。在探究过程中，幼儿能够实现知识的联系、拓展与迁移。然而，在项目化学习融入田园课程的设计与实施过程中，也存在着许多困境与挑战。例如，"如何平衡课程的系统性与PBL的综合性？""什么样的项目探究兼具真实性、有趣性和挑战性三个特点？""持续较长时间的项目化学习，怎样才能确保幼儿学习活力和动力的持久性？""如何使PBL的学习评价不仅关注幼儿作品和成果，还关注到学习的整个过程？"我们将通过教学实践以及开展园本教研活动，积极反思、总结、提炼，不断探寻园本课程中项目化学习的设计与实施方法，更好地促进幼儿的发展。

参考文献

[1] 王素晴."乡野童玩"特色课程的设计与实施[J]. 江苏教育研究，2018(2-3)：101-104.

[2] 中华人民共和国教育部．幼儿园教育指导纲要（试行）[S]．北京师范大学出版社，2018：10.

[3] 夏雪梅．项目化学习设计：学习素养视角下的国际与本土实践[M]．北京：教育科学出版社，2018：63.

[4][6] 学习基础素养项目组．素养何以在课堂中生长[M]．上海：华东师范大学出版社，2017：166.

[5] 夏雪梅．项目化学习设计：学习素养视角下的国际与本土实践[M]．北京：教育科学出版社，2018：114.

（王素晴　江苏省扬州市宝应县黄塍镇中心幼儿园教师　教龄 32 年）

后 记

　　"黄浦杯"长三角城市群教育征文活动沉淀下来的作品,又在教育研究者和实践者的面前铺展开来了。每一年,旧坛酿新酒,总有伴随着惊奇的欣喜。

　　2020年的征文主题为"创新视角下的教育现代化",对身处教育教学一线的教师来说,破题实难。为此,组委会经研讨后给出了操作化的解释:首先,"教育现代化"的内涵覆盖观念的现代化、行动实践的现代化、技术手段的现代化;其次,"教育现代化"具有相对性,对不同人群,或在不同地区、处不同发展阶段的主体而言,"现代化"的意义各不相同。我们建议指导者和写作者从三方面突围:第一,观念或理论引领下的实践探索(演绎);第二,基于实践探索而建构的经验或观念(归纳);第三,将现代化技术手段应用于教育教学中,以现代化技术手段或研究手段促进教育教学的变革,进行教育科研(应用)。

　　困惑和疑虑迎刃而解,各地教育教学实践中有价值的观念和做法凝结成一篇篇文章,几经修改和筛选,其中的优秀作品斩获奖项。我们又对获奖作品进行品赏和打磨,选出合适的文章结集成书。

特殊的 2020 年，受限于大环境，历年的线下动员会和报告写作辅导只能暂停。组委会于四五月陆续发出通知，在线上与各方交流沟通。虽受疫情阻隔，但思想的碰撞超越时空，形成另一种有力的联结。六月，各地文章如约而至，与往年相比，这 1 000 多篇文章格外有分量。暑假初始，我们依照惯例把所有文章进行编码和分组，邀请相关领域专家进行复评和终评，直至每一篇文章各就其位，不辜负写作者的心力。

教育现代化是个宏大主题，不同的写作者从不同层面、不同领域、不同路径"进军"，贡献了不同的教育现代化的现实可能。这些视角，具体而微，破解了当下教育教学、科研管理中的不同难题。八月将尽时，我们的编书工作终于告一段落。尽管奖项和书中篇目都很有限，然而，我们尽可能地提供机会以呈现研究者和实践者的智慧，让这些光照亮同行者前进的路。

依然有诸多要感谢的对象，他们可能是一个单位、一个部门，也可能是一个个体，从各方面长期助力"黄浦杯"长三角城市群教育征文活动顺利开展。上海市黄浦区教育局和教育学院，一直是我们最坚强的后盾，提供物质和精神双重的支持力量。浙江和江苏各地市教科院所的同行，是他们在地的发动和指导，使得征文主题在长三角各地开花，凝结出个性化的成果。还有散落在各地的投稿者，每年都有老作者来稿，他们默默又坚韧地持续写作，也是我们坚持的动力。华东师范大学出版社的彭呈军先生和白锋宇女士，他们始终以专业的眼光研判和校准文章的质量，把握长三角科研丛书的走向，体现了出版人的专业力量。

一年又一年，征文主题每换每新，教师的写作经验和主办方的指导方式也在不断迭代。参与其中的教师，经历了淘洗和磨砺，他们被肯定，又被重新唤醒，使个人专业成长有了实质性的精进。在长三角的舞台上，因为彼此的教育表达，研究者和实践者得以彼此发现。

编者
2020 年 10 月于上海